D1702188

Konzepte. Ansätze der Medien- und
Kommunikationswissenschaft

herausgegeben von
Prof. Dr. Patrick Rössler und
Prof. Dr. Hans-Bernd Brosius

Band 21

Christine E. Meltzer

Kultivierungsforschung

 Nomos

Die Deutsche Nationalbibliothek verzeichnet diese Publikation in der Deutschen Nationalbibliografie; detaillierte bibliografische Daten sind im Internet über http://dnb.d-nb.de abrufbar.

ISBN 978-3-8487-4839-6 (Print)
ISBN 978-3-8452-9057-7 (ePDF)

1. Auflage 2019
© Nomos Verlagsgesellschaft, Baden-Baden 2019. Gedruckt in Deutschland. Alle Rechte, auch die des Nachdrucks von Auszügen, der fotomechanischen Wiedergabe und der Übersetzung, vorbehalten. Gedruckt auf alterungsbeständigem Papier.

Vorwort der Reihenherausgeber

Etliche Jahre schien das Fehlen von Lehrbüchern auch die akademische Emanzipation der Kommunikationswissenschaft zu behindern. Doch in jüngerer Zeit hat der fachkundige Leser die Auswahl aus einer Fülle von Angeboten, die nur noch schwierig zu überblicken sind. Wie lässt es sich dann rechtfertigen, nicht nur noch ein weiteres Lehrbuch, sondern gleich eine ganze Lehrbuchreihe zu konzipieren? Wir sehen immer noch eine Lücke zwischen den großen Überblickswerken auf der einen Seite, die eine Einführung in das Fach in seiner ganzen Breite versprechen oder eine ganze Subdisziplin wie etwa die Medienwirkungsforschung abhandeln – und andererseits den Einträgen in Handbüchern und Lexika, die oft sehr spezifische Stichworte beschreiben, ohne Raum für die erforderliche Kontextualisierung zu besitzen. Dazwischen fehlen allerdings (und zwar vor allem im Bereich der Mediennutzungs- und Medienwirkungsforschung) monographische Abhandlungen über zentrale KONZEPTE, die häufig mit dem Begriff der „Theorien mittlerer Reichweite" umschrieben werden.

Diese KONZEPTE gehören zum theoretischen Kerninventar unseres Fachs, sie bilden die Grundlage für empirische Forschung und akademisches Interesse gleichermaßen. Unsere Lehrbuchreihe will also nicht nur Wissenschaftlern einen soliden und gleichzeitig weiterführenden Überblick zu einem Forschungsfeld bieten, der deutlich über einen zusammenfassenden Aufsatz hinausgeht: Die Bände sollen genauso Studierenden einen fundierten Einstieg liefern, die sich für Referate, Hausarbeiten oder Abschlussarbeiten mit einem dieser KONZEPTE befassen. Wir betrachten unsere Lehrbuchreihe deswegen auch als eine Reaktion auf die Vorwürfe, mit der Umstellung auf die Bachelor- und Masterstudiengänge würde Ausbildung nur noch auf Schmalspurniveau betrieben.

Die Bände der Reihe KONZEPTE widmen sich deswegen intensiv jeweils einem einzelnen Ansatz der Mediennutzungs- und Wirkungsforschung. Einem einheitlichen Aufbau folgend sollen sie die historische Entwicklung skizzieren, grundlegende Definitionen liefern, theoretische Differenzierungen vornehmen, die Logik einschlägiger Forschungsmethoden erläutern und empirische Befunde zusammenstellen. Darüber hinaus greifen sie aber auch Kontroversen und Weiterentwicklungen auf, und sie stellen die Beziehungen zu theoretisch verwandten KONZEPTEN her. Ihre Gestaltung und ihr Aufbau enthält didaktische Elemente in Form von Kernsätzen, Anekdoten oder Definitionen – ebenso wie Kurzbiografien der Schlüsselautoren und kommentierte Literaturempfehlungen. Sie haben ein Format, das es in der Publikationslandschaft leider viel zu selten gibt: ausführlicher als ein Zeitschriften- oder Buchbeitrag, kompakter als dickleibige Forschungsberichte und konziser als thematische Sammelbände.

Die Reihe KONZEPTE folgt einem Editionsplan, der gegenwärtig 25 Bände vorsieht, die in den nächsten Jahren sukzessive erscheinen werden. Als Autoren zeichnen fachlich bereits ausgewiesene, aber noch jüngere Kolleginnen und Kollegen, die einen frischen Blick auf die einzelnen KONZEPTE versprechen und sich durch ein solches Kompendium auch als akademisch Lehrende qualifizieren. Für Anregungen und Kritik wenden Sie sich gerne an die Herausgeber unter

patrick.roessler@uni-erfurt.de   brosius@ifkw.lmu.de

Inhaltsverzeichnis

Abbildungsverzeichnis

1. Grundzüge des Ansatzes

In Ihrem Kopf gibt es ganz bestimmte Vorstellungen darüber, wie es in einem Gerichtssaal, bei einer lebensrettenden Operation oder innerhalb der Mauern eines Gefängnisses aussieht – selbst wenn Sie persönlich noch nie vor Gericht, in einem OP oder im Gefängnis waren. Die Bilder in Ihrem Kopf stammen mit größter Wahrscheinlichkeit aus den Medien, konkreter: Sie haben sie im Fernsehen – oder neuerdings auf einer Videoplattform oder bei einem Streamingdienst gesehen. Medien vermitteln uns Vorstellungen über die Welt. Doch nicht immer handelt es sich dabei um realitätsgetreue Abbildungen. Bestimmte Berufe, wie Polizisten, Anwälte und Ärzte, sind deutlich überrepräsentiert. Die Menschen, die Ihnen im Fernsehen begegnen, sind überproportional jung, weiß und attraktiv. Und häufig sind sie in Vorgänge verwickelt, die mit Kriminalität und Gewalt zu tun haben. Die Kultivierungsforschung untersucht die Wirkung von solchen verzerrten Darstellungen der Realität auf das Weltbild der Fernsehzuschauer.

1.1 Der Kern der Kultivierungshypothese

Die Kultivierungshypothese ist ein Ansatz der Medienwirkungsforschung. In ihrem Kern besagt sie, dass diejenigen, die besonders viel fernsehen in ihrem Weltbild auch näher an der Abbildung der „Fernsehrealität" liegen, während Wenigseher ein Bild von der Welt haben, das näher an der Realität ist.

Grundgedanke

Entwickelt wurde die Kultivierungshypothese in den 1960er-Jahren von George Gerbner und einem zugehörigen Forscherteam. Das damals noch junge Medium Fernsehen stand und steht bis heute im Mittelpunkt der Analyse. Für diesen Fokus gibt es verschiedene Gründe: Im Gegensatz zu anderen Medien erfordert Fernsehen keine besonderen Kompetenzen, es hat in allen Gesellschaftsschichten eine hohe Reichweite und ist kostengünstig zu Hause nutzbar. Es zeichnet sich zudem durch eine hohe zeitliche Inanspruchnahme und eine starke Gleichförmigkeit der inhaltlichen Botschaften aus. Vor allem aber vermittelt es durch seine bewegten Bilder besonders realitätsnahe Medieninhalte (Gerbner & Gross, 1976). Während Wenigseher ihre Informationen aus verschiedenen Quellen beziehen (z.B. Tageszeitungen, Radio, persönliche Gespräche), ist das Fernsehen für Vielseher die dominierende Informationsgrundlage. Durch die nonselektive Nutzung, so die ursprüngliche Annahme, werden sie somit immer wieder den gleichen Botschaften ausgesetzt, was schließlich zu einem Weltbild führt, das eher der Fernsehrealität als der Realität gleicht.

Fokus auf Fernsehen

Kernsätze

Kultivierung beschreibt den eigenständigen Beitrag des Fernsehens auf die Konstruktion der sozialen Realität.

Das Fernsehen nimmt eine Sonderrolle in der Realitätsvermittlung ein, da es kostengünstig verfügbar ist, keine besonderen Kompetenzen in der Nutzung erfordert und über alle Gesellschaftsschichten hinweg eine hohe Reichweite hat.

Besonders wichtig für die Vermittlung von Vorstellungen über die Welt sind die realitätsnahen Fernsehbotschaften. Die Grenzen zwischen fiktionalen und nonfiktionalen Inhalten verschwimmen somit für den Zuschauer. Auch fiktionale Inhalte werden dann als reale Darstellungen interpretiert.

Rezipienten, die viel fernsehen, konstruieren ihre soziale Realität aus der Darstellung der Welt im Fernsehen. Somit haben Vielseher ein Weltbild, das eher der „Fernsehrealität" entspricht. Wenigseher hingegen haben ein Weltbild, das näher an der tatsächlichen Realität ist.

Fokus auf fiktionale Medieninhalte

Zentral für die Kultivierungsforschung war zunächst der Fokus auf Gewalt und Kriminalität. Wie die inhaltsanalytischen Untersuchungen von Gerbner und seinen Kollegen zeigen, finden sich in der Fernsehwelt überproportional viele Gewaltakte (z.B. Gerbner, 1970; Gerbner & Gross, 1976). Bei diesen Untersuchungen wurden sowohl nonfiktionale (z.B. Nachrichten und Informationssendungen) als auch fiktionale Fernsehinhalte (z.B. Krimisendungen und Actionfilme) berücksichtigt. An dieser Stelle unterscheidet sich die Kultivierungsforschung von anderen Ansätzen der Medienwirkungsforschung. Forschungstraditionen wie beispielsweise Agenda-Setting (vgl. den Band von Maurer, 2010 in dieser Reihe) oder Wissenskluft-Forschung (vgl. den Band von Zillien, 2014 in dieser Reihe) stellen Medieninhalte in den Fokus, die vordergründig zur Information und nicht zur Unterhaltung dienen. Der Kultivierungsansatz geht davon aus, dass nicht nur Informationsformate, sondern auch rein fiktionale Formate das Weltbild des Rezipienten prägen. Vor allem unterhaltende Medieninhalte wie Kriminalfilme und -serien rücken Gewalt und Verbrechen in den Vordergrund. Gerbner und seine Kollegen nahmen an, dass auch solche Darstellungen von den Rezipienten in deren Weltbild übernommen würden. Diese Vermutung bestätigte sich in Befragungsdaten, die den inhaltsanalytischen Untersuchungen des Fernsehprogramms angeschlossen wurden. Im Vergleich zu Wenigsehern überschätzten Vielseher systematisch die Häufigkeit von

Verbrechen, die Anzahl von Personen, die in der Strafverfolgung arbeiten und die Höhe des Risikos, Opfer von Gewalttaten zu werden. Zusätzlich zeigen Vielseher ein höheres Misstrauen gegenüber ihren Mitmenschen als Wenigseher (Gerbner & Gross, 1976).

Bis heute ist Kriminalität und Gewalt zentrales Untersuchungsthema von Kultivierungsstudien. Gerbner und sein Team sowie andere Forscher weiteten die Untersuchung der Wirkung des Fernsehens auf das Weltbild seiner Seher später auf andere Themengebiete aus, wie beispielsweise Geschlechter- und Berufsrollen, politische Einstellungen und Wahrnehmung fremder Kulturen (für einen Überblick siehe Rossmann, 2008, S. 70f.). *Fokus auf Kriminalität*

Kultivierung wurde in zahlreichen Studien belegt, oftmals handelte es sich hierbei jedoch um relativ schwache Zusammenhänge (Morgan & Shanahan, 1997). Nicht zuletzt deswegen sah und sieht sich der Kultivierungsansatz Kritik ausgesetzt (siehe Kapitel 2.1). Dennoch gilt er als einer der wichtigsten Ansätze der Medienwirkungsforschung. Die Kultivierungshypothese zählt zu den meistzitierten Ansätzen der Kommunikationswissenschaft (Morgan & Shanahan, 2010; Potter & Riddle, 2007). *Bedeutung der Kultivierungsforschung*

1.2 Das Cultural Indicators-Projekt

Begriffe

Die Violence Profiles sind jährliche Veröffentlichungen aus dem Cultural Indicators-Projekt, die die wichtigsten Befunde aus den inhaltsanalytischen Studien des damaligen Fernsehprogramms und den Befragungsdaten der Bevölkerung zusammenfassten. Einige dieser Violence Profiles wurden als Fachpublikationen in Zeitschriften veröffentlicht (siehe im Überblick Signorielli, Morgan & Shanahan, 2018). *Violence Profiles*

Das Fernsehen wurde in den USA ab 1941 eingeführt und verbreitete sich dort sehr schnell. Wie häufig bei der Einführung von neuen Medien wurden auch bei dieser technischen Neuerung negative Effekte auf die Gesellschaft befürchtet. Die Morde an Martin Luther King und Robert F. Kennedy schürten diese Sorgen. Aus diesem Grund wurde 1968 vom damaligen Präsidenten Johnson die „U.S. National Commission on the Causes and Prevention of Violence" gegründet. George Gerbner untersuchte für diese Kommission in einem Teilprojekt, dem Cultural Indicators-Projekt, den Einfluss der Medien auf die Gesellschaft. Bedingt durch den Auftraggeber fokussierten Gerbner und sein Team zunächst auf die Darstellung von Gewalt im Fern- *Einführung des Fernsehens*

sehen. Später wurden das Projekt unter anderen Sponsoren weiterge-
führt und die Themengebiete ausgeweitet. Die Befunde zu Gewalt
und Kriminalität wurden jährlich in den sogenannten Violence Profiles veröffentlicht.

Akteure

George Gerbner wurde 1919 in Budapest geboren. Er emigrierte 1939 mit
Umwegen über Paris, Mexiko und Kuba in die USA. Dort studierte er Journalismus in Berkeley und arbeitete als Journalist beim San Francisco Chronicle. Er erwarb seinen Masterabschluss an der University of Southern California zum Thema Bildung und Fernsehen – noch bevor der erste nationale Fernsehsender geschaltet wurde. Seine Doktorarbeit behandelt das
Thema „Toward a general theory of communication". An der Annenberg
School for Communication, University of Pennsylvania war er 30 Jahre
lang als Professor (1964 bis 1994) und von 1964 bis 1989 als Dekan tätig. In
seiner Vita finden sich mehr als drei Dutzend Forschungsprojekte (die unter anderem von der UNESCO, der Screen Actors Guild und dem National
Institute of Mental Health gefördert wurden), er veröffentlichte über ein-
hundert Artikel und publizierte über ein Dutzend Bücher. George Gerbner
starb im Jahr 2005, zwei Wochen nach seiner Frau Ilona, mit der er 59 Jahre lang verheiratet war.

Grundlagen des Cultural
Indicators-Projekts

In den 1950er- und 1960er-Jahren führte George Gerbner eine Reihe
an Studien durch, in denen er auf mediale Inhalte und den Einfluss
der dahinterstehenden Produktions- und Marktlogik fokussierte. Er
interessierte sich beispielsweise für die Darstellung von Geisteskrank-
heiten in den Medien (Gerbner, 1959a) oder für die Zusammenhänge
zwischen den Medien und dem Bildungssystem (Gerbner, 1959b,
1966). Anders als bei den vorhergehenden Studien, die eher als Ein-
zelanalysen zu betrachten sind, verfolgte das Cultural Indicators-Projekt einen systematischen Ansatz. Gerbner war der Überzeugung,
dass die von den Medien übermittelten allgegenwärtigen Botschaften
die Vorstellungen über die Gesellschaft und das Zusammenleben der
Menschen in ihr beeinflussten. Er war besorgt darüber, dass die in-
dustrielle Produktion von Medien diese Botschaften in eine Richtung
prägte, die den Zusammenhalt der Gesellschaft und die demokrati-
schen Grundbedingungen gefährden. Diese Botschaften und den Einfluss der dahinterstehenden Institutionen systematisch zu analysieren,
sah er daher als zwingend notwendig (Morgan, 2012, S. 51). Dabei
ging es ihm um die Gesamtheit dieser Botschaften, nicht um die Wirkung einzelner Formate, wie in seinen vorherigen Studien.

Kernsätze

„The television set has become a key member of the family, the one who tells most of the stories most of the time. Its massive flow of stories showing what things are, how things work, and what to do about them has become the common socializer of our times. These stories form a coherent if mythical ‚world' in very home. Television dominates the symbolic environment of modern life" (Gerbner, Gross, Morgan, & Signorielli, 1980, S. 14)

Akteure

Larry Gross wurde 1942 geboren. Er studierte Sozialpsychologie an der Columbia University. 1968 kam er an die Annenberg School for Communication der University of Pennsylvania, wo er bis 2003 als Professor blieb. Danach wurde er Direktor an der Annenberg School for Communication and Journalism der University of Southern California. Zusammen mit George Gerbner leitete er von 1971 bis 1991 das Cultural Indicators-Projekt. Ein Forschungsschwerpunkt von Gross ist die Darstellung von Homosexualität und Homosexuellen in den Medien, für deren Interessen er sich auch über seine Forschungtätigkeit hinaus engagiert.

Dem Fernsehen kommt laut Gerbner bei der Vermittlung dieser Botschaften eine besondere Rolle zu. Zum einen hatte es in den USA zu Beginn des Cultural Indicators-Projekts bereits eine sehr hohe und schichtübergreifende Reichweite. Zudem kostet Fernsehnutzung viel Zeit. Gerbner vermutete, dass so Zuschauer aus allen Schichten über alle Sender hinweg ständig mit den gleichen Botschaften konfrontiert werden. Durch die realistische Darstellung verschwimmen die Grenzen zwischen Nachrichten und fiktionalen Inhalten, weswegen alle Inhalte von den Zuschauern letztlich als Realität interpretiert werden und deren Weltbild beeinflussen. Besonders relevant wird diese Interpretation für die Bereiche, die von der persönlichen Wahrnehmung ausgenommen sind und dann durch die „Fernseherfahrung" ersetzt werden. Fernsehen wirkt somit langfristig, über die gesamte Lebensspanne seiner Seher hinweg, als eine Art Sozialisationsinstanz, die den Menschen standardisierte Rollen für das gesellschaftliche Zusammenleben zeigt und diese zementiert. *„Television is the central cultural arm of American society. It is an agency of the established order and as such serves primarily to extend and maintain rather than to alter, threaten, or weaken conventional conceptions, beliefs, and behaviors. Its chief cultural function is to spread and stabilize*

Besondere Rolle des Fernsehens

social patterns, to cultivate not change but resistance to change" (Gerbner & Gross, 1976, S. 175).

Schlüsselstudien

Gerbner & Gross (1976): Living with Television. The Violence Profile.

Gerbner und Gross legten mit dieser Studie den Grundstein für die Kultivierungsforschung. Die Vermutung, dass sich das Fernsehen auf die soziale Realität seiner Zuschauer auswirkt, wurde zunächst in der „message system analysis" mit einer Inhaltsanalyse untersucht. Es zeigte sich, dass das Fernsehen überproportional gewalthaltige Botschaften zeigte und stabile Muster in Bezug auf Täter und Opfer von Gewalt vermittelte (z.B., dass ältere Frauen eher als Opfer und junge Männer eher als Täter abgebildet werden). Wie sich diese Botschaften auf die Zuschauer auswirkten, wurde dann mittels einer bevölkerungsrepräsentativen Befragung untersucht. In dieser zeigte sich, dass Vielseher sich in ihrem Antwortverhalten systematisch von Wenigsehern unterschieden. Sie überschätzten den Anteil an Personen, die in der Strafverfolgung arbeiteten und ihr persönliches Risiko, Opfer eine Gewalttat zu werden. Zudem waren sie anderen Menschen gegenüber misstrauischer als Wenigseher. Dies galt auch, wenn Alter, Bildung, Geschlecht und Mediennutzung der Befragten in die Analyse mit einbezogen wurden. Gerbner und Gross sahen damit die Vermutung, dass das Fernsehen das Weltbild seiner Seher kultiviert als bestätigt.

Langfristige Perspektive auf Medienwirkung

Diese langfristige Perspektive auf Medienwirkung grenzte sich von anderen Medienwirkungsstudien ab, die überwiegend auf sozialpsychologischen Laborexperimenten fußten. In solchen Studien wird Medienwirkung zwar unter kontrollierten Bedingungen, dafür aber eher kurzfristig untersucht. Oft konnten die im Labor gemessenen Befunde unter nicht kontrollierten Bedingungen in der „wahren Welt" nicht mehr gefunden werden. Dies führte dazu, dass in den 1960er-Jahren von einigen Forschern eine eher schwache Wirkung der Medien postuliert wurde, die zudem besser über selektive Zuwendung zu bestimmten Medienhalten zu erklären sei (z.B. Klapper, 1960). Für Gerbner hingegen waren genau diese schwachen Befunde eine Bestätigung für die langfristige Wirkung des Fernsehens, die mit einer einzigen Botschaft nicht mehr verändert werden konnte (Morgan, 2012, S. 95). Aus der Logik der Kultivierungsanalyse ist laborexperimentelle Forschung für die Untersuchung langfristiger, kumulativer Medienwirkung nicht geeignet: Aus diesem Grund bezeichnen Gerbner und sein Team die Befunde ihrer Medienwirkungsstudien nicht als „Kultivierungs*effekt*", sondern als „Kultivierung". Heute hat sich der Begriff Kultivierungseffekt jedoch in vielen Studien durchgesetzt.

Um ihren ganzheitlichen Ansatz der Analyse des Mediensystems und seiner Auswirkungen auf die Gesellschaft zu erforschen, bemühten Gerbner und sein Team ein dreistufiges Verfahren (siehe Abbildung 1). Zunächst wurde in der „institutional process analysis" untersucht, welche politischen und organisatorischen Machtstrukturen das Mediensystem prägen. Dieser Teil des Cultural Indicators-Projekts ist am stärksten soziologisch geprägt und gleichzeitig am schwersten zu untersuchen, da für eine Analyse zahlreiche langfristige, gesellschaftliche, politische und ökonomische Faktoren der Medienproduktion betrachtet werden müssen. Daher ist die institutional process analysis des Cultural Indicators-Projekts die am wenigsten durchgeführte und am wenigsten entwickelte Analyse (Gerbner, Gross, Morgan, & Signorielli, 1986). Die Message system analysis und die cultivation analysis wurden (z.T. mit Themenschwerpunkten und Verfeinerungen) im Cultural Indicators-Projekt beibehalten.

Die drei Säulen des Cultural Indicators-Projekt

Modell

Abbildung 1: Wirkungsvermutungen und Analysemethoden im Cultural Indicators-Projekt

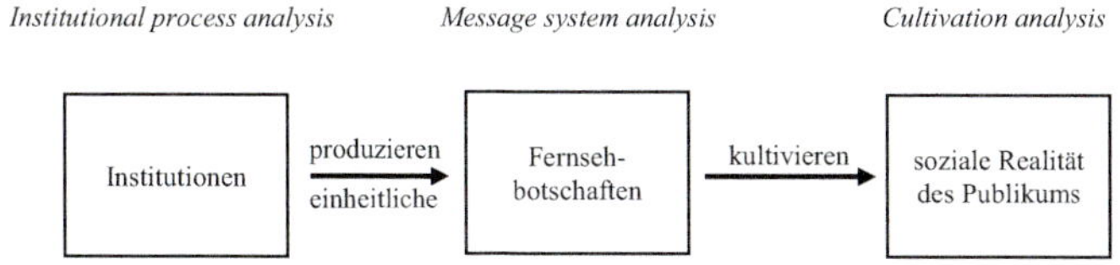

Institutional process analysis   *Message system analysis*   *Cultivation analysis*

In der „message system analysis" wurden die vom Mediensystem produzierten Botschaften untersucht. Dies geschah mittels Inhaltsanalysen. Die Untersuchung des Primetime Fernsehprogramms und des Kinderprogramms am Wochenende startete im Jahr 1967. Diese Analyse sollte diejenigen Botschaften identifizieren, die sich als stabil und dominant zeigten und somit die wiederkehrenden Muster ausmachten, denen die Rezipienten Zeit ihres Lebens ausgesetzt waren. Besonders deutlich wurden diese Muster in Bezug auf die Darstellung

Message system analysis

von Kriminalität und Gewalt. Diese wurden mittels *Violence Index* und den *Risk Ratios* sichtbar gemacht. Der Violence Index gibt einen Überblick über die allgemeine Präsenz von Gewalt im Fernsehen. Dieser sollte einen Vergleich zwischen den Sendern über die Jahre hinweg ermöglichen. In ihrem ersten Violence Profile 1976 stellten Gerbner und Gross fest, dass der Anteil gewalthaltiger Fernsehinhalte in allen Sendern überproportional hoch ist und dies über die Jahre hinweg mit geringen Schwankungen auch bleibt. Dies gilt selbst für Kinderprogramme, wenn auch in geringerem Maß als für Fernsehinhalte, die für Erwachsene produziert wurden. Durchschnittlich wurden die Zuschauer mit acht Gewaltakten pro Stunde konfrontiert. Auch für die Risk Ratios zeigt sich ein stabiles Muster. Frauen sind eher in der Opfer- als in der Täterrolle zu sehen. Ältere, arme und schwarze Frauen wurden sogar nur in der Opfer- und nie in der Täterrolle gezeigt. Jüngere Männer werden dagegen häufiger als Täter präsentiert als ältere Männer (Gerbner & Gross, 1976, S. 186–189). Diese Befunde aus der Pionierstudie wurden in späteren Violence Profiles weitestgehend bestätigt. Bis heute zeigt sich mit geringen Schwankungen, dass Gewalt ein zentraler Bestandteil von Fernsehsendungen ist (Signorielli et al., 2018).

Cultivation analysis Gerbner ging davon aus, dass diese stabilen Botschaften, die die Seher über die Jahre erreichten, eine Auswirkung auf die Gesellschaft haben. Er vermutete, dass Fernsehkonsum ein grundständiges Gefühl von Angst und Misstrauen hervorruft. Die Wirkung der Fernsehbotschaften wurde schließlich mit der „cultivation analysis" überprüft. Anhand von standardisierten Befragungen wurden Vertrauen, Viktimisierungsangst und allgemeine Realitätseinschätzungen zu Verbrechensbekämpfung ermittelt. In der Analyse der Ergebnisse griffen die Forscher auf das Kultivierungsdifferential zurück. Dazu teilten sie die Befragten in verschiedene soziodemografische Gruppen nach ihrer Fernsehnutzung in Vielseher (mindestens vier Stunden Fernsehnutzung täglich) und Wenigseher (höchstens zwei Stunden Fernsehnutzung täglich) ein. Diese Einteilung wurde später nicht durchgängig praktiziert, sondern zum Teil von der Sehdauer in der jeweiligen Stichprobe abhängig gemacht. Im Vergleich zu Wenigsehern gaben Vielseher eine in Richtung der Fernsehdarstellung verzerrte Antwort. Vielseher überschätzten beispielsweise das Risiko, Opfer einer Gewalttat zu werden und hatten weniger Vertrauen in ihre Mitmenschen. Dies trifft auf alle Bevölkerungsgruppen zu, wenn auch in unterschiedlichem Ausmaß. Frauen zeigen z.B. größere Kultivierung als Männer und niedrig gebildete größere Kultivierung als hoch gebildete (Gerbner & Gross, 1976, S. 191–193).

Begriffe

Der Violence Index bestand aus drei Komponenten. Erstens wurde der Anteil gewalthaltiger Sendungen an allen Sendungen ausgewiesen. Innerhalb dieser Sendungen wurde zweitens der durchschnittliche Anteil an gewalttätigen Akten pro Sendung und Stunde ausgewiesen. Drittens wurde der Anteil an Hauptcharakteren, die eine Opfer- bzw. Täterrolle einnahmen, errechnet. Mit diesem Index sollte der Vergleich von verschiedenen Sendern über die Jahre erleichtert werden.

Violence Index

Die Risk Ratios weisen für verschiedene gesellschaftliche Gruppen aus, ob sie in der Fernsehwelt eher eine Opfer- oder eher eine Täterrolle einnehmen. Die Analyse dieser Täter-Opfer-Relationen zeigt beispielsweise, dass ältere Menschen und Frauen öfter als Opfer, jüngere Männer hingegen häufiger als Täter dargestellt werden (Gerbner & Gross, 1976).

Risk Ratios

Eine Verzerrung in Richtung der Fernsehantwort stellte sich auch bei den zahlreichend nachfolgenden Befragungen im Cultural Indicators-Projekt heraus (z.B. Gerbner, Gross, Morgan et al., 1980, 1986). Dies zeigte sich in der Gruppe der Vielseher nicht nur für verzerrte Einschätzungen von Häufigkeiten, sondern auch in größerer Viktimisierungsangst und größerem Misstrauen gegenüber ihren Mitmenschen. Besonders hier sah Gerbner die politische Brisanz seiner Befunde: „*A heightened sense of risk and insecurity (different for groups of varying power) is more likely to increase acquiescence to and dependence upon established authority, and to legitimize its use of force*". (Gerbner & Gross, 1976b, S. 194). In dieser Aussage spiegelt sich Gerbners soziologischer Hintergrund wieder. Der Gedanke potenzieller Steuerung gesellschaftlicher Machtverhältnisse über einheitliche Fernsehbotschaften wird in der heutigen Kultivierungsforschung vernachlässigt. In der kommunikationswissenschaftlichen Erforschung von Kultivierung wurde hauptsächlich der Fokus auf die medialen Botschaften und (noch häufiger) auf die daraus resultierenden Effekte gelegt. Nachfolgende Untersuchungen im Cultural-Indicators Projekt wurden auf andere Themengebiete ausgeweitet, wie beispielsweise Geschlechterrollen (Morgan, 1982; Signorielli, 1989), Alter (Gerbner, Gross, Signorielli & Morgan, 1980), Politik (Gerbner, Gross, Morgan & Signorielli, 1984) und viele mehr (für einen Überblick siehe Gerbner et al., 1986). Typischerweise nutzen die Studien des Cultural Indicators-Projekts bevölkerungsrepräsentative Stichproben, die einmal jährlich erhoben wurden.

Begriffe

Kultivierungsdifferential

Mean World-Syndrom

Viktimisierungsangst

Die Differenz in den Antworten zwischen den Viel- und Wenigsehern.

Durch den langfristigen Konsum von gewalthaltigen Fernsehbotschaften erscheint vor allem Vielsehern die Welt gefährlicher, als sie tatsächlich ist. Sie werden dadurch ängstlich und ihren Mitmenschen gegenüber misstrauisch und feindselig (Gerbner, Gross, Morgan et al., 1980).

Die Angst, Opfer eines Verbrechens zu werden.

Akteure

Nancy Signorielli (geboren 1943) studierte zunächst Psychologie und promovierte 1975 an der University of Pennsylvania in Kommunikationswissenschaft zum Thema „Men and Women in Television Drama". Von 1973 bis 1987 war sie im Cultural Indicators-Projekt als wissenschaftliche Mitarbeiterin tätig. Die Fragen nach den institutionellen Produktionsbedingungen von Massenmedien und deren Auswirkungen auf die medialen Inhalte und die Rezeption dieser Inhalte, die dem Cultural Indicators-Projekt zugrunde lagen, beschäftigen sie bis heute. Darüber hinaus erforscht sie, wie der Kultivierungsgedanke in die moderne Medienwelt übertragen werden kann.

Umfangreiches Archiv

Das Cultural Indicators-Programm legte nicht nur den Grundstein für die Kultivierungsforschung, sondern ist über die Jahre zu einem umfangreichen Archiv für Fernsehinhaltsanalysen und Befragungsdaten geworden. Über 200 Aufsätze in Fachzeitschriften sind daraus hervorgegangen (für einen umfangreichen Überblick siehe Morgan, 2002), weitaus mehr stehen in direktem Bezug zu der Forschungstradition. An der Annenberg School der University of Pennsylvania wurden Archive zu dem Projekt und Gerbners Forschungstätigkeiten angelegt, die auch elektronisch zugänglich sind.[1]

---

1 http://www.asc.upenn.edu/Gerbner/Archive.aspx.

2. Entstehungsgeschichte des Ansatzes

Gerbner ging davon aus, dass der zentrale Unterschied vom Men- Geschichten
schen im Vergleich zu allen anderen Lebewesen darin liegt ist, dass
Menschen sich Geschichten erzählen. Formen des Geschichtenerzählens gibt es schon seit Anbeginn der Menschheit. Sie wurden von
Kultur zu Kultur weitergegeben, in Theatern und auf öffentlichen
Plätzen und von Eltern an ihre Kinder erzählt. Aus diesen Geschichten, egal ob erfunden oder wahr, lernen wir von Kindesbeinen an,
wie die Welt funktioniert. Märchen vermitteln uns bereits früh, was
richtig und falsch ist, wer gute und böse Charaktere sind und wie
man in dieser Welt durch die richtigen Entscheidungen zum Ziel
kommt. Die Geschichte von Rotkäppchen enthält aber auch Botschaften über Viktimisierung von alten Frauen und jungen Mädchen.
Die Summe aller dieser Geschichten macht die Kultur einer Gesellschaft aus – sie „kultivieren".

Mit der Erfindung des Fernsehens veränderte sich aus Gerbners Sicht
diese Form der Erzählung. Sie fand nicht mehr von Angesicht zu Angesicht statt, sondern wurde in einer industriellen Massenproduktion
einem breiten Publikum zugänglich gemacht. Gerbner befürchtete,
dass Werte in der Gesellschaft nicht von Eltern, Kirchen oder Schulen
vermittelt werden, sondern von den (damals noch wenigen) Produzenten, den Fernsehstationen. Aus seiner Sicht hat sich der kulturelle
Prozess des Geschichtenerzählens zu einem Markt mit kommerziellen
Interessen verändert. Den Produzenten liegt weniger an der Vermittlung von Werten, als am Verkauf von bestimmten Botschaften. Aus
dieser, zugegeben pessimistischen, Idee wurde die Kultivierungsforschung geboren. Für Gerbner war zentral, die Botschaften des Fernsehens zu erfassen und später, mit maßgeblicher methodischer Unterstützung von Larry Gross, die Auswirkungen dieser Botschaften auf
die Gesellschaft zu untersuchen.

Die Geschichte der Kultivierungsforschung ist daher eng verknüpft Cultural Indicators
mit der Geschichte des Fernsehens. Nach der Einführung des Fernsehens in den USA wurden negative Auswirkungen auf die Bevölkerung
befürchtet. George Gerbner, der sich bereits früh in seiner wissen-
schaftlichen Karriere für die Wirkung des Fernsehens auf die Gesellschaft interessierte, untersuchte für die US-amerikanische Regierung
zum erstem Mal systematisch dessen Inhalt und Einfluss auf die Gesellschaft. Neu an seinem Ansatz war, dass er nicht die Nachahmung
von gewalttätigen Handlungen erforschte, sondern den Fokus auf
mit Angst vor Gewalt verknüpfte Vorstellungen und Einstellungen
legte.

Anekdoten

Über Umwege zum Professor

Um dem Einzug in die Armee im faschistischen Ungarn zu entgehen, floh George Gerbner 1939 ins Ausland. Da ihm ein Visum in den USA zunächst verwehrt wurde, reiste er nach Mexiko, wo er sich zunächst ein halbes Jahr als Fremdenführer betätigte (wobei er aufgrund seiner damals noch schlechten Englischkenntnisse von amerikanischen Touristen für sehr authentisch gehalten wurde). Über Havanna gelang ihm schließlich die Einreise in die USA. Nachdem er Journalismus in Berkeley studierte und für den San Francisco Chronicle arbeitete, trat er 1942 freiwillig der amerikanischen Armee als Fallschirmjäger bei. Später arbeitete er im Office of Strategic Services, einem Vorläufer der CIA. Bei einem Einsatz nahm er 1945 in Österreich persönlich den ungarischen Premierminister Bela Imredy fest, vor dessen Regime er sechs Jahre zuvor geflohen war. Danach kehrte er in die USA zurück, wo er sich erneut für journalistische Tätigkeiten bewarb. In Ermangelung eines Arbeitsangebots nahm er zunächst kurzfristig als Alternative einen Dozentenjob für Journalismus an einem Junior College an. Dort entdeckte er seine Leidenschaft für Forschung (Lent, 2002).

2.1 Kritik und Weiterentwicklung

Nach der Veröffentlichung der ersten Violence Profiles wurde ab Ende der 1970er-Jahre Kritik an Gerbners Ansatz laut. Den Forschern im Cultural Indicators-Projekt wurde vorgeworfen, methodisch nicht angemessen vorgegangen zu sein oder sogar Scheinzusammenhänge gemessen zu haben.

Einfluss und Kontrolle von Drittvariablen

Paul Hirsch (1980) und Michael Hughes (1980) führten eine Sekundäranalyse mit Gerbners Daten durch. In ihren Analysen zeigte sich, dass die von Gerbner und Kollegen postulierte Beziehung zwischen Fernsehnutzung und Realitätseinschätzung schwächer wurde, je mehr Drittvariablen kontrolliert wurden. Hughes (1980) konnte mit multivariaten Analyseverfahren zeigen, dass der Kultivierungseffekt verschwand oder sogar umgekehrt wurde, wenn die Variablen Geschlecht, Alter, ethnische Zugehörigkeit, Einkommen, Kirchenbesuch, Arbeitszeit und Größe des Wohnorts in multivariaten Analyseverfahren kontrolliert wurden. Auch Hirsch (1980) kam zu ähnlichen Ergebnissen.

Weiterentwicklung der Analyseverfahren

Diese beiden Kritikpunkte sind für die aktuelle Kultivierungsforschung nur noch bedingt zentral. Anders als zu Gerbners Zeiten werden heutzutage alle Analysen mit multivariaten Verfahren ausgewertet. Dabei werden in einem ersten Schritt die relevanten Drittvariablen (in den meisten Fällen Geschlecht, Alter und Bildung) kontrolliert. In einem weiteren Analyseschritt wird dann die Fernsehnutzung in die Rechnung mit einbezogen, um zu überprüfen, wie viel sie zur Realitätseinschätzung an Erklärkraft beiträgt. Problematisch in diesem Zusammenhang ist jedoch der dritte von Hirsch geäußerte Kritikpunkt.

In seiner Studie unterteilte Hirsch (1980) anders als Gerbner und seine Kollegen nicht nur in Viel- und Wenigseher, sondern bezog auch Nichtseher, Seher mit mittlerem Konsum und Extremseher mit ein. Dabei zeigte sich, dass die Zusammenhänge keineswegs linear waren. Mehr Fernsehkonsum führte nicht zu stärkerer Kultivierung. Beispielsweise waren Nichtseher ängstlicher als Wenigseher und Vielseher ängstlicher als Extremseher. Auch Potter (1991a) kommt zu dem Schluss, dass der Kultivierung keine (durchgängig) linearen Zusammenhänge zugrunde liegen. Obwohl die Zweifel an der Linearität der Zusammenhänge in der Kultivierungsforschung bis heute nicht ausgeräumt sind (Coenen & van den Bulck, 2017), werden die meisten Analysen mit linearen Regressionen durchgeführt, die einen solchen Zusammenhang unterstellen (siehe auch Kapitel 3).

Nonlinearität der Zusammenhänge

Akteure

Michael Morgan traf George Gerbner 1975, als er an der Annenberg School for Communication der University of Pennsylvania von ihm unterrichtet wurde und forschte gemeinsam mit ihm bis zu Gerbners Tod 2005. Er publizierte zwei Bücher über Gerbners Lebenswerk: „Against the Mainstream: The Selected Works of George Gerbner" mit ausgewählten Artikeln und Schriften George Gerbners (2002 erschienen bei Peter Lang) sowie „George Gerbner. A critical introduction to media and communication theory" (2012 erschienen bei Peter Lang). Michael Morgan war bis 2016 Professor am Department of Communication der University of Massachusetts in Amherst und ist nun emeritiert.

Ein weiterer, bereits früh aufgeworfener, Kritikpunkt stammte von Doob und McDonald (1979). Sie vermuteten einen Scheinzusammenhang zwischen der von Gerbner gemessenen Korrelation zwischen Fernsehnutzung und Ängstlichkeit. In eigenen Analysen zeigten sie, dass die Zusammenhänge zwischen Fernsehnutzung und der Angst, Opfer eines Verbrechens zu werden, weitestgehend verschwand, wenn die Wohngegend als Kontrollvariable eingeführt wurde. In gefährlichen Wohngegenden waren die Menschen ängstlicher, sahen gleichzeitig aber auch mehr fern. Demnach sei die Kriminalitätsrate

Weiterentwicklung: Mainstreaming und Resonanz

und nicht die im Fernsehen gezeigten Inhalte ausschlaggebend für die Viktimisierungsangst. Gerbner und sein Team reagierten auf diesen Vorwurf, indem sie den Kultivierungsansatz um zwei Prozesse erweiterten: Mainstreaming und Resonanz. Mainstreaming beschreibt den Vorgang, dass durch intensive Wahrnehmung von gleichförmigen Fernsehbotschaften vor allem Vielseher in ihrer Weltsicht einander immer ähnlicher werden. Unterschiede in Bezug auf die Weltsicht, die durch unterschiedliche persönliche Erfahrung in verschiedenen Bevölkerungsgruppen gemacht werden (beispielsweise bedingt durch Bildung, Einkommen oder Wohngegend), gleichen sich durch hohen Fernsehkonsum an „den Mainstream" an. Resonanz beschreibt den Prozess, der entsteht, wenn die realen Erfahrungen mit denen der Fernsehwelt übereinstimmen. Wenn Menschen beispielsweise in einer Wohngegend mit hoher Kriminalitätsrate viel Gewalt erleben und zusätzlich noch Gewalt im Fernsehen konsumieren, wirkt dies als eine Art „doppelte Dosis". In solchen Fällen zeigen Vielseher stärkere Kultivierungseffekte als Wenigseher (Gerbner, Gross, Morgan et al., 1980; Schnauber & Meltzer, 2015; Shrum & Bischak, 2001).

Akteure

James Shanahan ist Gründungsmitglied und Dekan der Media School an der Indiana University. Er promovierte in Kommunikationswissenschaft an der University of Massachusetts in Amherst. Zusammen mit Gerbner, Gross und Signorielli veröffentlichte er ab 1990 im Cultural Indicators-Projekt zahlreiche Publikationen. Einer seiner Schwerpunkte im Cultural Indicators-Projekt waren die Effekte von Medien auf Einstellungen und Verhalten in den Bereichen Wissenschaft und Umwelt, zu dem er bis heute forscht.

Kausalitätsrichtung

Bis heute wird der Kultivierungsforschung vorgeworfen, die ursprünglich vermutete Kausalitätsrichtung nicht nachweisen zu können. Nach den Annahmen von Gerbner und seinen Kollegen werden Menschen, die viel fernsehen, ängstlich, weil sie den gewalthaltigen Botschaften des Fernsehens überproportional häufig ausgesetzt sind. Denkbar ist umgekehrt auch, dass Menschen, die sehr ängstlich sind, seltener aus dem Haus gehen und damit mehr Zeit zum Fernsehen haben, als angstfreie Menschen. Die ursprünglich vermutete Kausalitätsrichtung (Fernsehen führt zu Ängstlichkeit) wäre damit umgekehrt (Ängstlichkeit führt zu Fernsehen). Dass die meisten Kultivierungsstudien mit Querschnittsdaten erfasst werden, mit denen die Richtung der Kausalität nicht bestimmt werden kann, kommt erschwerend hinzu (siehe Kapitel 3). Befunde von van den Bulck (2004) deuten jedoch darauf hin, dass Ängstlichkeit besser durch Fernsehkonsum erklärt werden kann als umgekehrt und dass Fernsehen Ängstlichkeit besser erklären kann, als tatsächliche Erfahrung mit Kriminalität.

Begriffe

Wenn zwischen zwei Variablen ein rechnerischer Zusammenhang besteht, spricht man von einer Korrelation. Kausalität bezeichnet den Zusammenhang von Ursache und Wirkung. Nur weil zwei Variablen korrelieren, bedeutet das noch nicht, dass diese beiden Variablen auch kausal miteinander zusammenhängen. Im Falle einer Korrelation ohne Kausalität spricht man von einer *Scheinkorrelation*. Diese wird durch eine dritte Ursache erklärt, die beide Variablen beeinflusst (Drittvariablen). Ein beliebtes Beispiel ist die Korrelation von Storchenpopulation und Geburtenrate. Auf dem Land, wo es mehr Störche gibt, werden auch mehr Babys geboren. Kontrolliert man die Gegend (z.B. städtisch vs. ländlich) zeigt sich kein Zusammenhang mehr. Die Anzahl der Störche beeinflusst also nicht die Anzahl der Neugeborenen.

Korrelation und Kausalität

Newcomb (1978) kritisierte, dass quantitative Methoden generell nicht dazu geeignet seien, die Auswirkungen von medialer Darstellung von Gewalt auf die Zuschauer zu erfassen. Er widersprach Gerbners Auffassungen von gleichförmigen Medienbotschaften, da Gewalt in sehr verschiedenen Formen dargestellt und gleichzeitig von den Rezipienten individuell unterschiedlich interpretiert würde (ähnlich argumentierte später auch Hughes, 1980). Ein qualitativer Ansatz, bei dem ausgewählte Fernsehinhalte gezielt untersucht werden und eine zusätzliche ethnografische Erfassung der Rezipienten (also die Erforschung über einen längeren Zeitraum in der ausgewählten Lebenswelt einzelner Rezipienten) wäre seiner Meinung nach förderlich. Gerbner und seine Kollegen entgegneten, dass nicht die Wirkung einzelner Gewaltdarstellung für den Kultivierungsansatz entscheidend sind, sondern die sich wiederholenden, ständig sichtbaren und übergreifenden Muster von Fernsehgewalt (Gerbner & Gross, 1979).

Interpretation durch den Rezipienten

Die von Newcomb (1978) geäußerte Kritik, dass Gesamtfernsehnutzung ein zu ungenaues Maß an Fernsehnutzung darstellt, wurde in der Kultivierungsforschung wiederholt geäußert (z.B. Potter, 1993). Aus Sicht Gerbners und seinen Kollegen ist es einzig durch die Gesamtfernsehnutzung möglich, etwas über die Kultivierung durch die

Genrespezifische Entwicklung

Medien und das dahinterstehende Mediensystem auszusagen (oft zusammengefasst in der Aussage „*the bucket, not the drops*", Morgan & Shanahan, 2010, S. 340). Sie behaupten somit nicht, dass nicht auch einzelne Genres oder einzelne Sendungen eine Wirkung auf die Realitätsvorstellung seiner Zuschauer haben können, nur würden sie diese Wirkung nicht als Kultivierung bezeichnen. Dennoch haben sich mit der Ausdifferenzierung der Kanäle und der Möglichkeit der zeitsouveränen Nutzung von Medieninhalten auch in der Kultivierungsforschung vor allem neuere Studien auf bestimmte Genres konzentriert (siehe ausführlich Kapitel 4.1).

Metaanalysen

Zwanzig Jahre nach der ersten Studie von George Gerbner und Larry Gross (1976) veröffentlichten Morgan und Shanahan eine Meta-Analyse zu Kultivierungsforschung (Morgan & Shanahan, 1997). Trotz der oben geäußerten Kritik und der Infragestellung der Befunde allgemein finden sie einen kleinen, aber stabilen Kultivierungseffekt ($r = 0,09$) auf der Basis von 52 Studien. Rossmann legte 2008 ebenfalls eine umfassende Metaanalyse von Kultivierungsstudien für den Zeitraum 1976 bis 2005 auf der Basis von 109 Studien vor. Auch sie findet in der Mehrzahl der veröffentlichten Studien Zusammenhänge, die für die Kultivierungshypothese sprechen (Rossmann, 2008, S. 84). Diese Studien sprechen trotz aller Kritik dafür, dass der Kultivierungseffekt besteht. Dass er im Vergleich zu anderen Medienwirkungsstudien recht moderat ausfällt, verdeutlicht den Stellenwert vieler weiterer Einflussvariablen im Kultivierungsprozess.

2.2 Erste Annahmen zu psychologischen Prozessen

Von der soziologischen zur psychologischen Kultivierungsforschung

In den ersten Studien zur Kultivierung ging es dem Cultural Indicators-Team darum, das theoretische Grundgerüst der Kultivierungsforschung aufzuzeigen und mit Studien zu untermauern. Dieses Grundgerüst war vordergründig soziologisch geprägt. In den 1980er-Jahren und mit der ersten Kritik an dem Konzept stand nicht mehr nur im Vordergrund, Kultivierung überhaupt zu zeigen, sondern vermehrt die bis dahin vernachlässigte Frage, *warum* Kultivierung überhaupt auftritt. Damit wurde der Schritt von der soziologischen Makro- zur psychologischen Mikroperspektive vollzogen. In dieser Zeit trat das Wort „Effekt" in das Vokabular der Kultivierungsforschung ein. Gerbner hatte sich vom Begriff des Effekts distanziert, um sich von der mikroperspektivischen Forschung bewusst abzugrenzen. In der Erforschung der psychologischen Mechanismen ist das Wort jedoch durchaus gebräuchlich. Heute findet sich an vielen Stellen deswegen auch das Wort Kultivierungseffekt, während Forscher der makroperspektivischen Kultivierung weiterhin nur von Kultivierung sprechen – gemeint ist oft dasselbe.

Begriffe

Auf der Makro-Ebene werden in der sozialwissenschaftlichen Forschung üblicherweise gesellschaftliche Systeme (oder deren Subsysteme) betrachtet, also beispielsweise das Bildungssystem, das politische System oder das Mediensystem. Der einzelne Rezipient und sein individuelles Handeln hingegen werden auf der Mikro-Ebene untersucht. Dazwischen ist die Meso-Ebene anzusiedeln, die sich auf größere gesellschaftliche Gruppen oder Organisationsformen (beispielsweise Redaktionen) bezieht.

Makro-, Meso- und Mikro-Ebene

Hawkings und Pingree (1980, 1981b, 1982) waren die ersten, die Kultivierung als Prozessmodel konzipierten. Sie gingen von zwei Stufen aus. In einem ersten Schritt erlernen die Rezipienten durch Fernsehinhalte, wie häufig bestimmte Vorgänge in der Realität vorkommen und welche Handlungen und Akteure dabei eine zentrale Rolle spielen. Dabei werden verschiedene Informationen aus dem Fernsehen behalten. Als einschränkende Bedingungen nennen Hawkins und Pingree die Aufmerksamkeit während der Fernsehnutzung, die kognitive Aufnahmefähigkeit des Rezipienten und sein Involvement mit dem Fernsehinhalt. Die Konstruktion der Realität findet dann auf Basis der erlernten Fernsehbotschaften in einem zweiten Schritt statt. Auch hier werden verschiedene zusätzliche Einflussgrößen wirksam. Auf kognitiver Ebene ist die Inferenzfähigkeit des Rezipienten zentral, also die Fähigkeit aus den Fernsehbotschaften Schlüsse über die Realität zu ziehen. Erfahrungen, die der Rezipient außerhalb der Fernsehwelt macht, wirken sich ebenfalls auf die Konstruktion der Realität aus. In Anlehnung an die Konzepte Mainstreaming und Resonanz vermuten Hawkings und Pingree, einen verstärkenden oder abschwächenden Effekt der Fernsehbotschaft, je nachdem, ob die persönlichen Erfahrungen im Einklang oder im Gegensatz zur gezeigten Fernsehwelt stehen. Auf einer abstrakteren Ebene spielt dabei auch die Einbindung in die jeweilige soziale Struktur des Rezipienten eine Rolle. Wenn ihm mehr alternative Informationsquellen durch Kontakt mit Freunden, Kollegen oder Familie zur Verfügung stehen, wird die Wirkung des Fernsehens durch alternative Quellen abgeschwächt. In einem letzten Schritt beeinflusst die Konstruktion der sozialen Realität auch das Verhalten des Rezipienten, worauf die Autoren aber nicht weiter eingehen (Hawkins & Pingree, 1982).

Prozessmodel nach Hawkins und Pingree

Modell

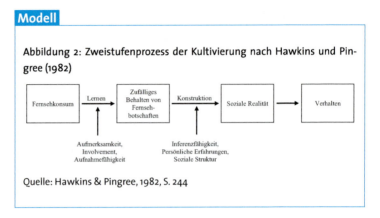

Abbildung 2: Zweistufenprozess der Kultivierung nach Hawkins und Pingree (1982)

Quelle: Hawkins & Pingree, 1982, S. 244

Um die Annahmen ihres Modells zu testen, führten Hawkins, Pingree und Adler eine Studie durch, bei der sie nicht nur wie in den vorherigen Kultivierungsstudien üblich, demografische Einschätzungen in Zusammenhang mit Gewaltkriminalität in der Realität, sondern auch deren Verteilung in der Fernsehwelt abfragten (Hawkins, Pingree & Adler, 1987, Studie I). Sofern die aus dem Fernsehen erlernten Botschaften in einem ersten Schritt als Basis für die Wahrnehmung der Verteilung in der Realität dienen, sollte der Zusammenhang zwischen diesen beiden Maßen ebenfalls hoch sein. Entsprechend sollte der Zusammenhang zwischen Fernsehnutzung und Realitätswahrnehmung kleiner werden, sobald die vermutete Verteilung in der Fernsehwelt statistisch kontrolliert wurde. Diese Annahme wurde in der Studie nur zum Teil bestätigt. Dies kann unter anderem daran gelegen haben, dass die Abfrage der Fernsehnutzung vor der Realitätseinschätzung erfolgte und somit die Aufmerksamkeit der Rezipienten auf den verzerrenden Einfluss des Fernsehens gelenkt wurde (siehe nächstes Kapitel). Trotzdem hielten die Autoren an einem Zwei-Stufen-Modell fest. Aus diesem Gedanken lassen sich auch die Bezeichnungen für die abhängigen Variablen im Kultivierungsprozess ableiten: Aus den im ersten Schritt erlernten Verteilungen von Vorgängen und Handlungen im Fernsehen (Kultivierung erster Ordnung) werden in einem zweiten Schritt Einstellungen und Wertvorstellungen abgeleitet (Kultivierung zweiter Ordnung; Hawkins et al., 1987, S. 561).

In einer Sekundärdatenanalyse der Fernsehnutzung Jugendlicher aus Australien und den USA suchten die Autoren nach weiteren Beweisen für ein zweistufiges Modell (Hawkins et al., 1987, Studie II). Zwar fanden die Autoren sowohl Kultivierung erster als auch Kultivierung zweiter Ordnung, jedoch keinen statistischen Beweis dafür, dass sich letztere aus ersterer ableitet. Daher schlossen sie, dass beide Arten von Kultivierung auf gleiche Art aus dem Fernsehen resultieren und im Prozess nicht nacheinander geschaltet sind (Hawkins et al., 1987, 573f). Später spekulierten die Autoren, ob nicht sogar umgekehrt Kultivierung zweiter Ordnung als eher breitere Weltsicht im Prozess vorangestellt sein könnte und somit die selektive Wahrnehmung von demografischen Verteilungen verstärkt (Hawkins & Pingree, 1990).

Begriffe

Unter Kultivierung erster Ordnung versteht man die demografischen Darstellungen von Verteilungen oder Risiken in der Fernsehwelt (z.B. der Anteil von Polizisten an allen Erwerbstätigen oder das Risiko, Opfer einer Gewalttat zu werden). Kultivierung zweiter Ordnung bezeichnet die aus diesen Darstellungen abgeleiteten Werte und Einstellungen (z.B. „den meisten Menschen kann man nicht vertrauen"). Die Begriffe Kultivierung erster und zweiter Ordnung wurden von Gerbner zum ersten Mal im Jahr 1986 verwendet (Gerbner et al., 1986). Da sich die Vermutung, Kultivierung zweiter Ordnung würde sich von Kultivierung erster Ordnung ableiten, nicht bestätigte, wichen Gerbner und seine Kollegen von dieser Bezeichnung später wieder ab. Bis heute wird sie aber von vielen Autoren zur Beschreibung der abhängigen Variablen genutzt. Mitunter findet sich in der Literatur auch der Ausdruck Kultivierung dritter Ordnung für Handlungen, die sich aus der Kultivierungsperspektive erklären lassen (z.B. der Erwerb von Pfefferspray als Folgehandlung einer durch Fernsehen induzierten Viktimisierungsangst).

Kultivierung erster und zweiter Ordnung

Potter (1991b) widersprach Hawkins und Pingree. Er hielt an einem Zusammenhang zwischen Kultivierung erster und zweiter Ordnung fest. Dabei vermutete er asymmetrische Zusammenhänge, die sich erst nach der Aufteilung in verschiedene Subgruppen zeigen (Potter, 1991a). Beispielsweise würden diejenigen, die in einer gewalttätigen Nachbarschaft leben, hohe Kultivierung erster und hohe Kultivierung zweiter Ordnung zeigen. In einer friedlichen Nachbarschaft wäre denkbar, dass der Fernsehkonsum sich zwar auf die Kultivierung erster Ordnung auswirkt, evtl. aber nicht auf die Kultivierung zweiter Ordnung. In der Gesamtstichprobe würden sich solche Unterschiede dahingehend auswirken, dass sich nur ein schwacher Zusammenhang zwischen Kultivierung erster und zweiter Ordnung zeigt (Potter, 1991b, S. 96). Daher ist es aus seiner Perspektive wichtig, die situativen Einflüsse des jeweiligen Themas unter Beobachtung zu beachten.

Asymmetrische Zusammenhänge von Kultivierung erster und zweiter Ordnung

Potter (1991a) testete seine Vermutung nach asymmetrischen Zusammenhängen mit drei verschiedenen Themen bei Jugendlichen. Bezüglich der Kultivierungsmaße erster Ordnung teilte er die Befragten nach Unterschätzung, Überschätzung und akkurater Schätzung der demografischen Variablen. Für die Kultivierungsmaße zweiter Ordnung unterteilte er, ob sie den Einstellungsfragen generell zustimmten, nicht zustimmten oder neutral eingestellt waren. In Kombination dieser Gruppen zeigte sich, wie viele derjenigen, die hohe Werte bei der Kultivierung erster Ordnung hatten, auch hohe Werte bei der Kultivierung zweiter Ordnung hatten und umgekehrt. Während er beim Thema „Berufstätigkeit von Frauen" einen eher symmetrischen Zusammenhang fand (also Kultivierung zweiter Ordnung sich genauso gut aus Kultivierung erster Ordnung hervorsagen ließ, wie umgekehrt), zeigte sich ein asymmetrischer Zusammenhang für die Themen „Reichtum" und „Scheidung". Für beide Themen galt: Diejenigen, die hohe Werte bei der Kultivierung erster Ordnung aufwiesen, zeigten auch hohe Werte bei der Kultivierung zweiter Ordnung – nicht jedoch umgekehrt. Dies spricht für die Vermutung von Hawkins und Pingree (1982), dass Einstellungen sich aus den demografischen Einschätzungen ableiten und nicht umgekehrt. Trotzdem fand Potter (1991b) wie vermutet auch unterschiedliche Prozesse für verschiedene Subgruppen. Beim Thema „Frauen im Beruf" zeigten sich besonders starke Zusammenhänge für diejenigen, deren Mütter berufstätig waren und beim Thema „Reichtum" besonders für diejenigen aus Haushalten mit geringem Einkommen. Potter schließt daraus, dass vieles dafür spricht, dass Kultivierung zweiter Ordnung sich aus Kultivierung erster Ordnung ableitet, situative Einflussgrößen aber dabei stark themenabhängig wirksam werden können.

Lernen, Konstruktion und Generalisierung

Potter erweiterte das Modell von Hawkins und Pingree (1982) um einen weiteren Subprozess, die „Generalisierung" (Potter, 1991a). Dabei geht er davon aus, dass Einstellungen aus Häufigkeitseinschätzungen generalisiert werden (siehe Abbildung 3) und zwar sowohl für die Wahrnehmung der Fernsehwelt, als auch für die Wahrnehmung der Realität. Das Fernsehen beeinflusst dabei sowohl die Wahrnehmung der Fernsehwelt, als auch direkt die Kultivierung erster und zweiter Ordnung.

Abbildung 3: Kultivierungsmodell mit Subprozessen nach Potter (1991a)

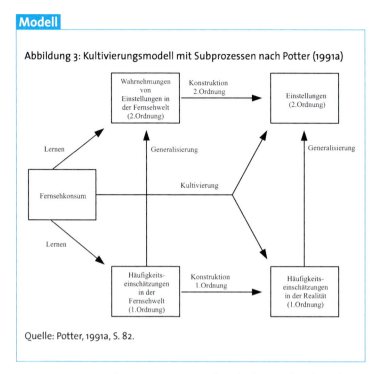

Quelle: Potter, 1991a, S. 82.

Einen Lernprozess konnte er empirisch jedoch nur für das Thema Gesundheit nachweisen. Für die Themen Kriminalität, Berufstätigkeit von Frauen, Scheidung sowie Reichtum fand er keinen statistischen Zusammenhang zwischen der Wahrnehmung und Einschätzung der Fernsehwelt und -nutzung. Konstruktionsprozesse für Kultivierung aus der Fernsehwahrnehmung bestätigten sich nur für Kultivierung erster Ordnung. Für Kultivierung zweiter Ordnung zeigen sich solche Zusammenhänge nicht. Was sich in der Studie dagegen für alle Themenbereiche außer Gesundheit zeigt, sind die vermuteten Generalisierungsprozesse. Diese sind bei Vielsehern stärker ausgeprägt als bei Wenigsehern.

Insgesamt weisen die Befunde der ersten psychologisch fundierten Kultivierungsstudien in keine einheitliche Richtung. Die Annahme eines Kultivierungsprozesses durch Erlernen der Fernsehbotschaften in einem ersten Schritt und der nachfolgenden Konstruktion hat sich in keiner der oben genannten Studien in dieser Form bestätigt. Rossmann warnt allerdings davor, diese Prozesse komplett auszuschließen. Da in diesen Studien die Fernsehwahrnehmung jeweils vor der Realitätswahrnehmung abgefragt wurde und beide Fragen identisch waren, wurde den Befragten vermutlich bewusst, worum es geht. Dies kann die Befunde zu den Subprozessen verzerrt haben. Vermutlich handelt es sich um unbewusste Prozesse, die anders erhoben werden müssen (Rossmann, 2008, S. 93).

Unklar bleibt, ob eine Form der Kultivierung der anderen vorgelagert ist. Die Leistungen der frühen psychologischen Forschung liegen vor allem in der konzeptuellen Unterscheidung von Kultivierung erster und zweiter Ordnung. Zusätzlich wurde in den verschiedenen Studien deutlich, dass Merkmale des Rezipienten (wie kognitive Leistungsfähigkeit), Merkmale der Rezeptionssituation (Aufmerksamkeit bei der Nutzung) sowie eine Interaktion zwischen Rezipient und Medienbotschaft (Involvement) eine Rolle im Kultivierungsprozess spielen. Dies wurde in der Weiterentwicklung der psychologischen Prozesse von Bedeutung.

2.3 Weiterentwicklung der psychologischen Perspektive

Seit Beginn der 1990er-Jahre hat die psychologische Perspektive die soziologische Perspektive in der Kultivierungsforschung abgelöst (Rossmann, 2008, S. 73). Besonders intensiv hat sich L.J. Shrum mit der psychologischen Entstehung von Kultivierungseffekten beschäftigt.

Begriffe

Erinnerungsgestützte Urteile und Onlineurteile

In der psychologischen Forschung wird zwischen zwei Formen von Urteilen unterschieden, die mit dem Zeitpunkt der Urteilsbildung zusammenhängen. Erinnerungsgestützte (auch „memory-based" genannt) Urteile werden erst dann gebildet, wenn sie benötigt werden. Dies geschieht beispielsweise, wenn um die Einschätzung einer Häufigkeit gebeten wird. Ein erinnerungsgestütztes Urteil basiert dann auf den im Gedächtnis verfügbaren Informationen zum Zeitpunkt der Urteilsbildung. Onlineurteile werden bereits während der Informationsaufnahme gebildet. Zum Zeitpunkt der Abfrage werden sie dann nicht neu gebildet, sondern aus dem Gedächtnis abgerufen (Hastie & Park, 1986).

Psychologische Prozesse für die Bildung von Kultivierung erster Ordnung

Shrum stützte sich auf die kognitionspsychologische Unterscheidung von erinnerungsgestützten und Onlineurteilen. Onlineurteile werden bereits während der Informationsaufnahme (im Kontext der Kultivierungsforschung also während der Fernsehnutzung) gebildet. Solche Urteile bilden Menschen dann, wenn sie ihnen besonders wichtig sind (hohes Involvement) oder wenn während der Informationsaufnahme bereits bekannt ist, dass ein Urteil erwartet wird (Hastie &

Park, 1986). Wenn die Urteile andererseits in der Gegenwart oder Zukunft nicht relevant erscheinen, wird während der Fernsehnutzung kein Urteil gebildet. Dies findet erst dann statt, wenn ein Urteil verlangt wird – beispielsweise, wenn eine Frage zur Kultivierung beantwortet wird.

Begriffe

Menschliche Informationsverarbeitungskapazitäten sind begrenzt. In manchen Situationen nutzen wir daher mentale Abkürzungen oder Faustregeln, um pragmatisch zu einem Urteil kommen zu können. Solche Abkürzungen nennt man Heuristiken. Sie kommen vor allem dann zum Einsatz, wenn aufwändige Urteilsbildung nicht möglich ist oder die Motivation dazu fehlt. In solchen Fällen verlassen wir uns darauf, wie schnell oder einfach ein Urteil bei spontanem Nachdenken zur Verfügung steht (Verfügbarkeitsheuristik) und wie gut ein konkreter Fall einen bereits vorhandenen Prototyp repräsentiert (Repräsentativitätsheuristik). Obwohl Heuristiken oft zu adäquaten Urteilen führen, können sie in manchen Fällen systematische Fehleinschätzungen produzieren (für einen Überblick siehe Eagly & Chaiken, 1993).

Heuristiken

Shrum (2004) verbindet diese beiden Urteilsarten mit Kultivierung erster und zweiter Ordnung. Kultivierungsurteile erster Ordnung sind für den Rezipienten im Alltag selten relevant. Die wenigsten Menschen denken darüber nach, wie viel Prozent aller erwerbstätigen Personen Polizisten sind, bevor sie von einem Kultivierungsforscher danach gefragt werden (Shrum, 1995, 2004). Kultivierung zweiter Ordnung bezieht sich auf Einstellungen und Werte. Die Frage, ob man nachts alleine durch den Park geht, hat für viele Personen Alltagsrelevanz. Daher basiert Kultivierung zweiter Ordnung wahrscheinlich eher auf Onlineurteilen. Diese Unterscheidung erlaubt einen Rückschluss darauf, wie Fernsehinformationen Urteile über die Realität beeinflussen können. Bei online basierten Kultivierungsurteilen zweiter Ordnung kann Fernsehen einen Einfluss nur während der Urteilsbildung, also *während des Sehens,* ausüben. Insofern werden Faktoren wie Aufmerksamkeit oder Involvement diese Urteile mit beeinflussen. Bei Kultivierungsurteilen erster Ordnung hingegen wirkt sich der Einfluss des Fernsehens erst *zum Zeitpunkt der Abfrage* aus. Hier wirken wiederum Faktoren der konkreten Abfragesituation, wie die Fähigkeit und die Motivation, Informationen aus dem Gedächtnis abzurufen (Shrum, 2004). Kultivierungsurteile erster Ordnung sind zusätzlich mit der Einschätzung von Häufigkeitsverteilungen oder Risiken verbunden. Solche Urteile sind besonders anfällig für die Anwendung von Heuristiken (Tversky & Kahneman, 1973). Daher werden Kultivierungsurteile erster Ordnung davon beeinflusst, was beim Informationsabruf, also bei der Beantwortung der Kultivierungsfrage, schnell verfügbar ist.

Heuristische Informationsverarbeitung im Kultivierungsprozess

Drei Faktoren sind für einen schnellen Informationsabruf im Kontext von Kultivierung besonders ausschlaggebend: Die Häufigkeit, mit der ein Konstrukt aktiviert wird, der zeitliche Abstand zur letzten Aktivierung und die Lebhaftigkeit, da lebhafte Konstrukte einfacher aus dem Gedächtnis abzurufen sind (Higgins & King, 1981). Zwei dieser Faktoren wurden bereits von Gerbner (1976) im Zusammenhang mit Fernsehen genannt: Fernsehen sendet häufig wiederholende Botschaften und durch ihre audiovisuelle Beschaffenheit sind diese auch besonders lebhaft. Bei der Beantwortung einer Kultivierungsfrage werden einem Vielseher daher bei heuristischer Urteilsbildung überproportional viele Fernsehbeispiele zur Verfügung stehen, da diese häufig und kürzlich aktiviert wurden und durch ihre Lebhaftigkeit einfach abzurufen sind. Das Urteil wird daher von den Fernsehbeispielen beeinflusst und es kommt zu einer verzerrten Einschätzung in Richtung der Fernsehwelt. Wenigseher stehen dagegen weniger dieser Fernsehbeispiele zur Verfügung, weswegen ihr Urteil näher an der Realität liegt.

Diese Annahmen werden durch eine Reihe von Studien belegt. Vielseher können besser auf bestimmte Beispiele, die so auch in der Fernsehwelt vorkommen, zugreifen als Wenigseher. Dies zeigt sich zum einen daran, dass ihnen solche Beispiele leichter einfallen und sie mehr solcher Beispiele nennen können als Wenigseher (Busselle & Shrum, 2003). Zum anderen können Vielseher Fragen mit Häufigkeitseinschätzungen schneller beantworten als Wenigseher (Shrum & O'Guinn, 1993; Shrum, 1996). Zudem konnte nachgewiesen werden, dass vor allem lebhafte Fernsehbeispiele Kultivierung erster Ordnung beeinflussen (Riddle, 2010; Riddle, Potter, Metzger, Nabi & Linz, 2011). Kontrolliert man die Antwortgeschwindigkeit der Befragten, verschwindet der Zusammenhang von Fernsehnutzung und Kultivierung erster Ordnung (Shrum & O'Guinn, 1993; Shrum, 1996). Dies spricht dafür, dass Kultivierung erster Ordnung durch die Verfügbarkeitsheuristik zustande kommt.

Kernsätze

Kultivierungsurteile erster Ordnung basieren (meistens) auf erinnerungsgestützten Urteilen, während Kultivierungsurteile zweiter Ordnung (meistens) online stattfinden.

Unter heuristischer Urteilsbildung zeigt sich Kultivierung erster Ordnung. Unter systematischer Urteilsbildung wird Kultivierung erster Ordnung verringert oder verschwindet komplett.

Akteure

L.J. Shrum untersucht psychologische Prozesse, die Medieneffekten unterliegen. In seinem heuristischen Prozessmodell übertrug er kognitionspsychologische Grundlagen auf die Kultivierungsforschung. In zahlreichen direkt aus dem Modell abgeleiteten Studien konnte er empirisch nachweisen, dass Kultivierung erster und zweiter Ordnung verschiedenen psychologischen Prozessen unterliegt. Derzeit ist Shrum Professor für Marketing an der HEC in Paris.

Auf diesen Gedanken basierend konzipierte Shrum sein heuristisches Prozessmodell (siehe Abbildung 4). Dabei lehnt er sich an sogenannte duale-Prozessmodelle an, die zwei Wege der Informationsverarbeitung postulieren: die heuristische, oberflächliche Informationsverarbeitung und die systematische (oder elaborierte) Informationsverarbeitung, bei der deutlich mehr kognitive Ressourcen angewendet werden (Petty & Cacioppo, 1986, siehe auch den Band von Klimmt, 2011 in dieser Reihe). Zwei zentrale Faktoren beeinflussen, welche Form der Verarbeitung stattfindet, die *Motivation* und die *Fähigkeit* zur systematischen Verarbeitung. Wenn die Befragten motiviert werden, über ihr Urteil genauer nachzudenken und sie auch die Fähigkeit dazu haben, findet eine systematische Urteilsbildung statt. Dann werden mehr als nur diejenigen Konstrukte für die Urteilsbildung berücksichtigt, die schnell und einfach zur Verfügung stehen.

Heuristisches Prozessmodell nach Shrum

Auch diese Annahme wurde empirisch bestätigt. Wenn Befragte dazu aufgefordert wurden, die erste Antwort zu geben, die ihnen in den Kopf kam, trat ein deutlicher Unterschied zwischen Viel- und Wenigsehern in der Einschätzung von Häufigkeiten auf. Wurden sie hingegen gebeten, möglichst exakte Antworten zu geben, wurde keine Kultivierung mehr gefunden (Shrum, 2001). Die Kontrollgruppe erhielt ohne weitere Aufforderung einfach nur die Bitte, die nachfolgenden Fragen zu beantworten. Auch hier zeigte sich Kultivierung erster Ordnung, was dafürspricht, dass Kultivierungsurteile erster

Ordnung heuristisch gebildet werden, es sei denn die Befragten werden zu systematischer Urteilsbildung motiviert. Shrum vermutet, dass unter systematischer Urteilsbildung die Quelle der verfügbaren Konstrukte genauer abgewogen wird und Fernsehbeispiele deswegen weniger Einfluss auf die Urteilsbildung ausüben. Für diese Vermutung spricht, dass einige Studien keine Kultivierung mehr finden, wenn die Fernsehnutzung vor den Kultivierungsfragen abgefragt wird (beispielsweise die bereits erwähnte Studie von Hawkins et al., 1987). Shrum testete auch diese Vermutung, indem er Rezipienten gezielt auf das Fernsehen als potenziell verzerrende Quelle ihrer Urteile aufmerksam machte (sogenanntes „source priming"). Diejenigen, deren Fernsehnutzung vor den Kultivierungsmaßen abgefragt wurde, zeigten keine Kultivierung mehr, genauso wie diejenigen, die über den Einfluss des Fernsehens aufgeklärt wurden. Kultivierung konnte lediglich in der Kontrollgruppe nachgewiesen werden, deren Fernsehnutzung nach den Kultivierungsmaßen abgefragt wurde (Shrum, Wyer & O'Guinn, 1998).

Kognitive Prozesse für Kultivierungsurteile zweiter Ordnung

Für Kultivierungsurteile zweiter Ordnung vermutet Shrum eine Onlineurteilsbildung. Auch hier werden Fernsehbotschaften als persuasive Nachrichten interpretiert: Je häufiger sie genutzt werden, desto eher beeinflussen sie die Einstellungen und Werte der Fernsehzuschauer (Shrum 2004). Für den Zuschauer zentrale Einstellungen und Werte werden über das ganze Leben hin gebildet und dabei immer wieder aktiviert, erneuert und gestärkt. Shrum und Kollegen (2005) untersuchten die Vermutung bei der Einstellung von Materialismus. Wenn die Motivation während der Fernsehnutzung elaboriert zu verarbeiten hoch war, zeigten sich verstärkt Kultivierung zweiter Ordnung. Dies zeigt die unterschiedlichen Wirkungsarten von Motivation auf die beiden Formen von Kultivierung: Während Verarbeitungsmotivation während der Fernsehnutzung die Kultivierung zweiter Ordnung verstärkt, verringert sie Kultivierung erster Ordnung im Moment des Kultivierungsurteils.

Selbstverständlich werden nicht pauschal alle Kultivierungsurteile erster Ordnung erinnerungsgestützt gebildet. Wenn die Person eine starke Voreinstellung hat und in das Thema involviert ist, werden diese Urteile vermutlich schon während der Rezeption online gebildet. Beispielsweise könnte sich ein Abiturient mit starkem Interesse an einem Medizinstudium bereits während des Sehens einer Arztserie ein Urteil über die Verteilung von dargestellten Krankheiten bilden. Umgekehrt ist es denkbar, dass auch Kultivierungsurteile zweiter Ordnung heuristisch gefällt werden. Dies geschieht dann, wenn sie für den Befragten nicht relevant sind und sie sich nie vorher Gedanken um die abgefragte Einstellung gemacht haben.

Modell

Abbildung 4: Heuristisches Prozessmodel nach Shrum

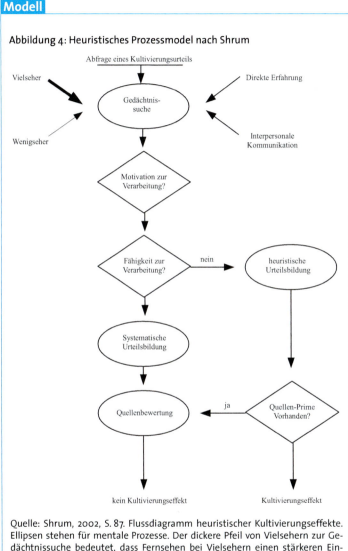

Quelle: Shrum, 2002, S. 87. Flussdiagramm heuristischer Kultivierungseffekte. Ellipsen stehen für mentale Prozesse. Der dickere Pfeil von Vielsehern zur Gedächtnissuche bedeutet, dass Fernsehen bei Vielsehern einen stärkeren Einfluss ausübt.

Dieser Gedanke wird in Rossmanns (2008) Modell der Informationsverarbeitung im Kultivierungsprozess berücksichtigt. Dabei integriert

Alternative Erklärungsansätze

sie nicht nur die Unterteilung in online und erinnerungsgestützte Urteile, sondern zusätzlich Vorüberlegungen von Shapiro und Lang (1991). Sie vermuten, dass nicht nur bei heuristischer, sondern auch bei einer systematischen Urteilsbildung bei Quellenbewertung Fehler unterlaufen können. Die eigentlich irrelevante Quelle Fernsehen kann versehentlich als für die Urteilsbildung relevant eingestuft werden. Somit können auch unter systematischen Bedingungen Kultivierungseffekte auftreten. Rossmann unterteilt drei Phasen: Informationsaufnahme, Speicherung der Information und Urteilsbildung. In allen drei Phasen kann Fernsehen unterschiedlich Einfluss ausüben. Dieses (im Vergleich zu seinen Vorgängern) überaus komplexe Modell berücksichtigt zusätzlich in jeder dieser drei Phasen kognitive Merkmale des Rezipienten, des Medieninhalts und der Interaktionsprozesse von Medium und Rezipient (Rossmann, 2008, S. 98). Ganzheitlich kann ein solches Modell empirisch nicht geprüft werden; für viele einzelne Vermutungen findet sich jedoch empirische Unterstützung. Rossmanns Studie bildet dabei auch die theoretisch am breitesten fundierte Basis eines Modells und liefert Anknüpfungspunkte, die in Kapitel 4 und 6 aufgezeigt werden.

Die Befunde der mikroperspektivischen Untersuchung von Kultivierung und die ihr unterliegenden psychischen Prozesse sind nicht abschließend geklärt. Festhalten lässt sich, dass kognitive Prozesse sowohl während der Fernsehrezeption als auch während der Urteilsbildung eine entscheidende Rolle spielen und dass diese Prozesse für Kultivierung erster Ordnung eine andere Rolle spielen als für Kultivierung zweiter Ordnung.

3. Forschungslogik und methodische Zugänge

Der Grundgedanke von Kultivierung erscheint auf den ersten Blick einfach: Die dominanten Darstellungen der Fernsehwelt übertragen sich in den Köpfen ihrer Zuschauer auf die Vorstellungen der realen Welt. Um diesen Zusammenhang aber erforschen zu können, müssen eine Reihe, teilweise komplexe methodische Entscheidungen getroffen werden. Welcher Teil der „Fernsehwelt" soll untersucht werden? Woher wissen wir, wie viel von dieser Fernsehwelt gesehen wird und wie kann man Vorstellungen über die Welt sinnvoll abfragen?

Dieses Kapitel beleuchtet zunächst die klassischen, von Gerbner und seinen Kollegen eingeführten methodischen Zugänge, in denen der Einfluss des Fernsehens auf die Gesellschaft als Ganzes im Fokus steht. Danach wird ein Ausblick auf weitere methodische Herangehensweisen der Kultivierungsforschung gegeben, die über den Ansatz Gerbners hinausgehen und vor dem Hintergrund von Kausalität diskutiert werden.

3.1 Institutional Process Analysis

Die Institutional Process Analysis untersucht die politischen und organisatorischen Machtstrukturen, die das Mediensystem beeinflussen. Dieser Teil der Kultivierungsforschung ist stark soziologisch geprägt. Es ist ein hochkomplexes, wenn nicht gar aussichtsloses Unterfangen, sämtliche Faktoren, die sich politisch und organisatorisch auf ein Mediensystem auswirken, ganzheitlich zu untersuchen. Daher ist die Institutional Process Analysis der am wenigsten entwickelte und am seltensten durchgeführte Forschungsbereich der Kultivierung. In der Institutional Process Analysis finden verschiedene methodische Zugänge Anwendung, da sich die übergeordnete Fragestellung nicht dafür eignet, mit einer einzigen methodischen Herangehensweise erfasst zu werden. Gerbner näherte sich der Fragestellung als solche, indem er zunächst eine Analyse der Strukturen des Fernsehmarktes vornahm. Er zeigte auf, welche Fernsehkanäle zu welchen Sendestationen gehören und wie die Aufteilung des Marktes zwischen den Fernsehstationen verläuft. In einem nächsten Schritt erstellte er eine Klassifikation von Machtverteilungen, die das Fernsehprogramm beeinflussten. Dabei beschrieb er auch die formalen Strukturen und informellen Dynamiken dieser Machtverteilung (Gerbner, 1965; Gerbner, 1972). Denkbar für die Erfassung von solchen Machtstrukturen sind aber beispielsweise auch teilnehmende Beobachtungen von Redaktionen, Interviews mit Medienproduzierenden oder Inhaltsanalysen von redaktionellen bzw. rechtlichen Leitlinien, wie dem Rundfunkstaatsvertrag. Solche Analysen über die Strukturen von Medienmärkten und medialen Produktionsbedingungen finden sich in der Kommunikationswissenschaft, allerdings nicht unter dem theoretischen Mantel von Kultivierung (siehe z.b. McQuail, 2010, insbes. Kapitel 3 und 4).

3.2 Message System Analysis

Die Message System Analysis liefert Indikatoren dafür, wie die Fernsehwelt gestaltet ist und welche Botschaften sie vermittelt. Die zentrale methodische Grundlage ist die quantitative Inhaltsanalyse. Dabei wird ein Teil des Fernsehprogramms nach einem vorgegebenen Codebuch untersucht. Welcher Teil des Programms dafür ausgesucht wird, hängt mit der Forschungsfrage zusammen. Im Cultural Indicators-Projekt wurde versucht, ein möglichst umfassendes Bild der damaligen Fernsehlandschaft zu zeichnen. Dafür wurden fiktionale Angebote in der Primetime und im Kinderprogramm am Wochenende einer zufälligen Woche untersucht (Gerbner & Gross, 1976). Eine Forschungsfrage nach genrespezifischen Mustern kann auch auf Basis der Stichprobe von bestimmten Sendungen oder Sendungstypen analysiert werden (Arztsendungen, Talk-Shows, Kriminalfilme etc.). Nach der Stichprobenziehung müssen Kategorien festgelegt werden, auf deren Basis die inhaltlichen Botschaften des Fernsehprogramms ermittelt werden.

Abhängige Variablen in der Message System Analysis Um die Gewalthaltigkeit des Fernsehens festzulegen, zählten Gerbner und seine Kollegen (1976) beispielsweise die Gewaltakte pro Sendung und codierten die Merkmale von Tätern und Opfern (z.B. deren Geschlecht und Alter). Was in einer solchen Untersuchung als Gewaltakt festgehalten wird, muss exakt definiert werden. Zu unterscheiden ist beispielsweise physische von verbaler Gewalt; eine Ohrfeige von einem Mord usw. Eine weite Definition von Gewalt (die beispielsweise psychische Gewalt mit einschließt) wird im Ergebnis ein gewalthaltigeres Fernsehprogramm produzieren als eine enge Definition (die beispielsweise nur schwere Körperverletzungen umfasst). Die Definition des Forschers legt damit die „Fernsehantwort" in einem gewissen Maße bereits fest.

Neben Gewalt und Kriminalität können Häufigkeiten des Auftretens von bestimmten Akteuren oder deren Handlungen auch in anderen Bereichen untersucht werden. Beispiele hierfür sind die Verteilung des Auftretens verschiedene ethnischer Gruppen (z.B. Dixon & Linz, 2000) oder der Anteil an verschiedenen Eingriffen bei Schönheitsoperationen (z.B. Rossmann & Brosius, 2005). Im besten Fall werden die erhobenen Vorgänge und Verhältnisse dann, sofern vorhanden, mit Realitätsdaten verglichen, um eine verzerrte Darstellung des Fernsehens aufzuzeigen (das sogenannte Kultivierungspotenzial).

Zusätzlich zu der Darstellung von Vorkommnissen und Verhältnissen kann auch die Art und Weise der Darstellung von Personen oder Situationen analysiert werden. Beispielsweise erhebt Rossmann (2002), wie kompetent, einfühlsam oder intrigant Krankenhauspersonal in der Fernsehwelt handelt. Solche Analysen werden später mit Kultivierung zweiter Ordnung verknüpft. Anders als das einfache Zählen von Ausprägungen (wie die Anzahl von Morden pro Stunde) sind solche Kategorien nicht manifest, sie lassen sich also nicht direkt beobachten, sondern müssen vom Codierer im Kontext der Szene oder Sendung interpretiert werden. Eine gute Schulung der Codierer und die Durchführung von Reliabilitätstests sind besonders bei solchen Kategorien von großer Wichtigkeit für die Datenqualität (siehe hierzu Rössler, 2010 Kapitel 9). Noch abstrakter ist die Erfassung von Metabotschaften – entweder genrespezifisch oder gar genreübergreifend –, die auf gesamten Handlungssträngen beruhen, wie z.B. „am Ende siegt das Gute" oder „harte Arbeit zahlt sich aus" (Potter, 1990). Durch das Abstraktionsniveau eignet sich in diesem Forschungsbereich ein qualitativer Zugang (z.B. Fahr, Modes & Schwarz, 2013). Solche Analysen werden jedoch nur äußerst selten durchgeführt. Oftmals wird in der Kultivierungsforschung vollständig auf eine eigene Inhaltsanalyse verzichtet und auf vorhergehende Inhaltsanalysen verwiesen oder schlicht vermutet, dass das Fernsehen die Welt verzerrt darstellt.

3.3 Cultivation Analysis

Die weitaus am häufigsten durchgeführte Analyse im Zuge der Kultivierungsforschung ist die Cultivation Analysis. Sie erfasst, inwiefern sich die verzerrten Darstellungen im Fernsehen auf die Zuschauer auswirken. Dies wird mittels quantitativer Befragungen erhoben.

Im Fragebogen werden meistens Kultivierungsmaße erster und zweiter Ordnung abgefragt. Zudem muss als zentrale unabhängige Variable die Fernsehnutzung erhoben werden (siehe nächster Abschnitt). Die Fernsehnutzung sollte dabei *nach* den Kultivierungsmaßen erhoben werden, da die Befragten sonst auf die verzerrende Wirkung des Fernsehens aufmerksam gemacht werden könnten und sich folglich keine Kultivierungseffekte mehr einstellen (Shrum et al., 1998, siehe Kapitel 2.3).

Auf Basis der Nutzungshäufigkeit und der Kultivierungsmaße erster und zweiter Ordnung wird dann überprüft, ob ein gesteigerter Fernsehkonsum mit einer Überschätzung (bzw. Unterschätzung) der je-

Analyse

weiligen Indikatoren einhergeht. Von der Einteilung in Viel- und Wenigseher (mittels eines Mediansplits oder nach vorgegebenen Kategorien) und einem anschließenden Mittelwertvergleich, wie es zu Beginn der Kultivierungsforschung üblich war, wird heutzutage weitestgehend abgesehen. Angemessener sind regressionsanalytische Verfahren. Nachdem in einem ersten Schritt relevante Kontrollvariablen
(wie Alter, Geschlecht und Bildung) einbezogen werden, wird überprüft, ob und wenn ja wie stark die Fernsehnutzungshäufigkeit die
abhängigen Variablen beeinflusst. Alternativ können Kultivierungsstudien mit Strukturgleichungsmodellen ausgewertet werden, die
komplexe Zusammenhänge mit latenten Variablen prüfen können
(siehe beispielsweise Custers & van den Bulck, 2013; van den Bulck,
2004).

3.3.1 Operationalisierung zentraler Variablen in Kultivierungsstudien

Unabhängige Variablen   In der Kultivierungsforschung geht es darum, den Einfluss des Fernsehens auf das Weltbild der Rezipienten zu bestimmen. Die zentrale
unabhängige Variable im Kultivierungsprozess ist daher das Ausmaß
der Fernsehnutzung. Nur wenige Studien wendeten Kultivierung ex-
klusiv auf andere Medien an (siehe z.b. Arendt, 2010 für Zeitungs-
nutzung, Harrison & Cantor, 1997 für Magazine oder Breuer, Kowert, Festl & Quandt, 2015 für Videospiele).

Seit Beginn der Forschung wird die Fernsehnutzung meistens in der
Anzahl der Stunden, die pro Woche oder Tag mit Fernsehnutzung
verbracht werden, erhoben. Zur genaueren Erfassung kann die tägliche Nutzung auch in verschiedenen zeitlichen Abschnitten erhoben
werden, um dem Befragten die Angaben zu erleichtern (beispielsweise Morgan & Shanahan, 2017). Alternativ kann eine Skala benutzt
werden, die die Regelmäßigkeit und/oder Häufigkeit der Fernsehnutzung erfasst. Dann muss entweder vorgegeben werden, was „regel-
mäßige" oder „häufige Nutzung" bedeutet, oder diese Interpretation
wird dem Rezipienten überlassen. Zusätzlich muss bedacht werden,
ob nur die Nutzung des linearen Fernsehens oder auch die zeitsouve-
räne Nutzung von zugehörigen Angeboten in Mediatheken erfasst
werden soll und dies entsprechend verdeutlicht werden. Dann können vom linearen Fernsehprogramm losgelöste Angebote von Streamingdiensten oder Trägermedien (z.B. DvDs) abgefragt werden. Zeit-
souveräne Nutzung, vor allem, wenn sie vom linearen Fernsehprogramm entkoppelt ist, erfordert ggfs. eine andere Form der Skalie-
rung (beispielsweise gibt die Kategorie „täglich" wenig Aufschluss
über die Rezeption eines bestimmten Serienformats, wenn über ein

Streamingportal theoretisch die gesamte Staffel dieser Serie an einem einzigen Tag angesehen werden kann).

In einigen Studien wurde zusätzlich oder sogar ausschließlich die Nutzungshäufigkeit bestimmter Genres erhoben. Problematisch an der (alleinigen) Erhebung von Fernsehgenres ist, dass diese oft nicht überschneidungsfrei und trennscharf sind und sich ständig neue (Sub)genres ausdifferenzieren. Dies erhöht die Gefahr, dass Nutzer und Forscher unterschiedliche Interpretationen von Genres haben, dass der Nutzer eine Sendung, die er regelmäßig schaut nicht eindeutig zuordnen kann oder aber dass bestimmte Genres bei der Konstruktion des Genrekatalogs vergessen werden.

Eine alternative Messmethode der Fernsehnutzung, die in der Kultivierungsforschung vergleichsweise selten angewendet wird, ist die Erhebung mittels eines Tagebuches. Beispielsweise ließen Hawkins und Pingree (1981a) Schüler an vier aufeinanderfolgenden Tagen jeweils morgens ihr Fernsehverhalten des Vortages dokumentieren. Dabei sollen sie sowohl ihre Gesamtfernsehnutzung notieren, als auch wie viele Minuten davon sie Fernsehsendungen aus verschiedenen Genres gesehen hatten. Ihre Ergebnisse legen nahe, dass die Tagebucherfassung ein valideres Maß der Fernsehnutzung ist, als eine einmalige Abfrage der allgemeinen Nutzung. Dieses Maß ist jedoch aufwändiger und für die Befragten belastender als eine einmalige Abfrage. Da solche Tagebucheinträge heutzutage auch online oder über Apps erhoben werden können, sollte die zukünftige Kultivierungsforschung diese Möglichkeit nicht aus den Augen verlieren.

In der Kultivierungsforschung sind die abhängigen Variablen das Weltbild, bzw. die Einschätzung der sozialen Realität. Diese werden klassischerweise in zwei verschiedene Maße unterteilt. Demografische Einschätzungen über Verteilungen oder Risiken werden als Kultivierungsmaße erster Ordnung bezeichnet. Die Befragten geben absolute Zahlen (z.B. die Anzahl von gewalttätigen Verbrechen im letzten Jahr) oder Prozentwerte (z.B. den Anteil von Polizisten an allen Erwerbstätigen) an.

Kultivierungsmaße erster Ordnung

Verfahren

Erfassung der Fernsehnutzung in Stunden

Wie lange sehen Sie an einem durchschnittlichen Werktag (Montag-Freitag) fern? Dabei ist es egal, über welches Gerät Sie fernsehen (bspw. Fernseher, Computer, Smartphone, Tablet, etc.).

Ca. ☐☐,☐ Stunden am Tag

Erfassung der Genrenutzung mit einer Häufigkeitsskala

Hier sehen Sie verschiedene Arten von Sendungen. Bitte geben Sie jeweils an, wie häufig Sie solche Sendungen schauen. Bitte antworten Sie auf einer Skala von 1 „selten" bis 5 „häufig". Sie können auch angeben, wenn Sie eine Sendungsart nie schauen.

	0 = nie	1 = selten	2	3	4	5 = häufig
Nachrichtensendungen	☐	☐	☐	☐	☐	☐
Boulevard-Magazine	☐	☐	☐	☐	☐	☐
Unterhaltungsshows	☐	☐	☐	☐	☐	☐
Thriller/Action- /Horrorfilme	☐	☐	☐	☐	☐	☐
Komödien	☐	☐	☐	☐	☐	☐
Liebesfilme	☐	☐	☐	☐	☐	☐
Krimi-Serien	☐	☐	☐	☐	☐	☐
Sitcoms	☐	☐	☐	☐	☐	☐
Daily Soaps	☐	☐	☐	☐	☐	☐
Arztserien	☐	☐	☐	☐	☐	☐

Ist die Anzahl der Fernsehsendungen eingrenzbar, kann auch eine Liste aller Sendungen vorgelegt werden (beispielsweise alle Unterhaltungssendungen, in denen ein Afroamerikaner einen Hauptcharakter spielt, Fujioka, 1999). Allerdings sind solche Fälle auf sehr spezifische Botschaften und die entsprechenden abhängigen Variablen beschränkt. Zusätzlich wird heute mit dem (sich z.T. über kurze Zeitspannen stark verändernden) Angebot über Mediatheken oder Streamingdienste eine umfassende Auflistung alle verfügbaren Inhalte, selbst wenn sie über ein bestimmtes Genre eingeschränkt werden, herausfordernder.

Offene und geschlossene Abfragen

In jedem Fall muss der Forscher eine Entscheidung über eine offene oder eine geschlossene Abfrage solcher Häufigkeiten oder Prozentangaben treffen. Bei der Vorgabe von geschlossenen Antworten sind die in der frühen Forschung häufig genutzten „forced error"-Abfragen zu vermeiden. Das heißt, die richtige Antwort sollte sich unter den Antwortangaben finden (Morgan & Shanahan, 1997, S. 8). Bei geschlossenen Fragen bestimmt der Forscher die Anzahl der Kategorien und die inhaltliche Spanne, die sie abdecken. So kann die Frage nach dem Anteil von weiblichen Ärzten in einem Krankenhaus von 0 –

100% oder aber in einer kleineren Spannweite gestaltet werden. Dem Befragten können dabei viele oder wenige Kategorien mit entsprechend kleineren oder größeren Abständen vorgelegt werden. Rossmann empfiehlt, dass die Abstände zwischen den Zahlenvorgaben gleich gehalten werden, damit die Skalen noch als quasimetrisch interpretiert und somit für multivariate Analyseverfahren (wie Regressionsanalysen) verwendet werden können. Zudem sollte die reale Antwort und die Fernsehantwort gleich weit von der Skalenmitte entfernt sein (Rossmann, 2008, S. 40).

Begriffe

Bei den in diesem Kapitel dargestellten Abfrageformen, besteht die Gefahr, dass die Befragten konsistent sehr hohe oder sehr niedrige Werte eintragen – sowohl für ihre Fernsehnutzung als auch für die Realitätseinschätzungen. In einem solchen Fall würde zwar mathematisch ein Zusammenhang zwischen Fernsehnutzung und Realitätseinschätzung bestehen, dieser wird jedoch lediglich von der Tendenz zur Über- bzw. Unterschätzung der Befragten verursacht. Coenen und Van den Bulck (2016a) testeten diesen von ihnen als „Bricklayer-Effekt" bezeichneten Fehlschluss in Zusammenhang mit Kultivierung, indem sie neben Kultivierungsmaßen erster Ordnung zum Vorkommen verschiedener typischerweise im Fernsehen überrepräsentierter Berufe eine „Markervariable" hinzufügten. Diese Variable erfasst eine Berufsgruppe, die im Fernsehen nicht überrepräsentiert ist (etwa die den Namen des Effektes prägenden Maurer). Sobald die Einschätzung der Markervariable kontrolliert wird, sinkt der Zusammenhang zwischen Fernsehnutzung und Realitätseinschätzung.

Der Bricklayer Effekt

In einer schriftlichen Form der Befragung bietet sich zudem eine visuelle Unterstützung an. Im Kontext der Fallbeispielforschung (siehe den Brand von Krämer, 2015 in dieser Reihe), die ähnliche Häufigkeitseinschätzungen abfragt, wurden visualisierte Maßbänder mit Prozentangaben eingeführt (z.B. Daschmann, 2001). Diese sollten eine gestützte, aber dennoch intuitive Antwort der Probanden ermöglichen. Rossmann hält diese Abfragen auch in Kultivierungsstudien für hilfreich (Rossmann, 2008, S. 39).

Visuelle Unterstützung

In einem Methodenexperiment zu verschiedenen Abfrageformen von Kultivierungsmaßen erster Ordnung stellte Rossmann heraus, dass die Streuung der Antworten bei offenen Abfragen deutlich höher liegt als bei geschlossenen. Zudem liegen die Mittelwerte offener Abfragen konsistent über denen geschlossener Abfragen. Die Ergebnisse weisen darauf hin, dass bei geschlossenen Angaben im sehr hohen

Zahlenbereich eine gewisse Einschränkung durch den Forscher vorgenommen werden sollte und bei Prozenteinschätzungen offene Angaben zu höheren Kultivierungseffekten führen (Rossmann, 2008,
41ff., siehe auch Hetsroni, 2007).

Verfahren

Kultivierungsmaß erster Ordnung geschlossene Abfrage

Wie hoch ist der Anteil berufstätiger Frauen in Deutschland? Im Alter von 15-65 Jahren arbeiten etwa...

20 Prozent	O
30 Prozent	O
40 Prozent	O
50 Prozent	O
60 Prozent	O
70 Prozent	O
80 Prozent	O

Kultivierungsmaß erster Ordnung offene Abfrage

Wie hoch ist der Anteil berufstätiger Frauen in Deutschland? Im Alter von 15-65 Jahren arbeiten etwa...
Bitte tragen Sie einen Wert zwischen 0 und 100 ein.

____%

Kultivierungsmaß erster Ordnung mit visueller Unterstützung

Wie hoch ist der Anteil berufstätiger Frauen in Deutschland? Im Alter von 15-65 Jahren arbeiten etwa...
Bitte tragen Sie einen Wert zwischen 0 und 100 ein.

Prozent 0	Prozent 50	Prozent 100

Kultivierungsmaße zweiter
Ordnung

Kultivierungsmaße zweiter Ordnung erfassen Werte und Einstellungen. Diese werden üblicherweise auf Likert-Skalen gemessen. Dazu
werden dem Befragten Aussagen mit (meist 5-stufigen) bipolaren
Antwortskalen vorgelegt, auf der er seine Zustimmung oder Ableh-
nung abtragen kann. Die Gesamtheit dieser Aussagen ergibt dann ein
Konstrukt, beispielsweise Viktimisierungsangst oder Vertrauen in bestimmte Berufsgruppen. Eine besonders oft genutzte Skala in der
Kultivierungsforschung zum Thema Gewalt und Kriminalität ist die

„Mean-World-Skala", die erfasst, inwiefern Befragte ein feindliches Weltbild entwickeln.

Kultivierungsmaß zweiter Ordnung: Mean-World-Index (Kurzskala)

	1 = trifft gar nicht zu	2	3	4	5 = trifft voll zu
Die Meisten Leute nutzen ihre Mitmenschen aus, wenn sie dazu Gelegenheit haben.	☐	☐	☐	☐	☐
Im Umgang mit anderen Menschen kann man nicht vorsichtig genug sein.	☐	☐	☐	☐	☐
Im Allgemeinen bemühen sich die Leute hilfsbereit zu sein.	☐	☐	☐	☐	☐

Quelle: (Rössler, 2011, S. 269)

Quelle: (Rössler, 2011, S. 269)

Einige Kultivierungsstudien beziehen Verhalten als abhängige Variable mit ein. Dies wird auch als Kultivierung dritter Ordnung verstanden. In den meisten Fällen wird in solchen Studien kein tatsächliches Verhalten, sondern Verhaltens*absichten* in der Zukunft mittels Likert-Skalen abgefragt (z.B. Schutzmaßnahmen vor Verbrechen zu ergreifen, siehe Nabi & Sullivan, 2001).

Kultivierungsmaße dritter Ordnung

3.3.2 Implikationen des Erhebungsmodus

Ab den 1990er-Jahren stellten vor allem die Studien von L.J. Shrum heraus, dass Kultivierung erster Ordnung unter heuristischer Urteilsbildung größer ist, als unter systematischer Urteilsbildung. Da Kultivierungsurteile erster Ordnung meistens erinnerungsgestützt gebildet werden, wirkt sich die Art der Informationsverarbeitung zum Zeitpunkt der Urteilsbildung, also zum Befragungszeitpunkt, auf Stärke des Zusammenhangs zwischen Fernsehnutzung und Realitätseinschätzung und damit auf die Nachweisbarkeit von Kultivierungseffekten aus (siehe Kapitel 2.3). Somit werden Befragungssituationen, die heuristische Urteilsbildung fördern, größere Kultivierungseffekte erster Ordnung produzieren, als solche, die systematische Urteilsbildung fördern.

Zu solchen situativen Einflüssen gehört auch der Befragungsmodus von Kultivierungsstudien. Die Anwesenheit eines Interviewers motiviert Befragte, sich intensiver mit den Inhalten des Interviews auseinanderzusetzen und den Fragen mehr Aufmerksamkeit zu schenken. Zudem möchte der Befragte sich nicht mit einer falschen Antwort blamieren (Dykema, Basson & Schaeffer, 2008). Dieser Druck ist größer bei persönlicher Anwesenheit des Interviewers, als bei einer telefonischen Befragung. Am Telefon antwortet der Befragte zusätzlich schneller, um unangenehme Stille zu vermeiden (Holbrook, Green & Krosnick, 2003). Daher zeigen sich vermutlich in Kultivierungsstudien, die persönlich-mündlich durchgeführt werden, geringere Kultivierungseffekte, als in solchen, die telefonisch durchgeführt werden. Schriftliche Befragungen ohne Anwesenheit eines Interviewers fallen zwischen diese beiden Befragungsmodi (Meltzer & Schnauber, 2015; Shrum, 2007). Angesichts dieser Ergebnisse ist die geringste Motivation des Befragten in Onlineerhebungen zu erwarten. Da Kultivierungsurteile zweiter Ordnung anderen kognitionspsychologischen Prozessen unterliegen (siehe Kapitel 2.3), sind sie nicht so leicht vom Erhebungsmodus beeinflussbar.

3.4 Kausalität in der Kultivierungsforschung

Mit der Annahme, dass sich die Botschaften des Fernsehens über die gesamte Lebensspanne seiner Rezipienten auswirken, grenzte Gerbner sich bewusst von kurzfristig gemessenen Effekten in laborexperimentellen Forschungsdesigns ab. Entsprechend erforschten Gerbner und sein Team und viele andere Forscher Kultivierung fast ausschließlich mittels Befragungen. Allerdings lassen Befragungen, die nur zu einem Messzeitpunkt durchgeführt werden (sogenannte Querschnittsstudien), keinen Kausalschluss der Wirkrichtung des Fernsehens auf die Realitätseinschätzung zu. Es bleibt also unklar, ob Fernsehnutzung die Ursache oder die Wirkung einer verzerrten Vorstellung über die Realität ist. Die folgenden Kapitel widmen sich methodischen Ansätzen in der Kultivierungsforschung, die versuchen, die Kausalproblematik zu lösen.

3.4.1 Experimentelle Ansätze

Zentrale Elemente aller experimentellen Ansätze sind Manipulation und Kontrolle. Manipulation bedeutet, dass der Forscher mindestens eine Variable (einen Stimulus) systematisch variiert und analysiert, welchen Effekt diese aktive Veränderung bewirkt. Kontrolle bedeutet, die Wirkung von anderen Variablen auszuschalten. In der Kultivierungsforschung kann ein solcher Stimulus beispielsweise ein gewalthaltiger Film sein. Im Abgleich mit der Kontrollgruppe, (die entweder einen nicht gewalthaltigen oder gar keinen Film sieht) wird dann untersucht, ob sich Einschätzungen oder Einstellungen durch das Sehen des Films verändert haben. Gleichzeitig muss der Forscher gewährleisten, dass die Experimental- und die Kontrollgruppe sich lediglich bezüglich des Sehens dieses Filmes und nicht bezüglich anderer Merkmale unterscheiden. Dies ist gegeben, wenn der Zufall entscheidet, wer in der Experimental- und wer in der Kontrollgruppe landet.

Der soziologisch geprägte Ansatz schloss solche experimentellen Designs aus, da die kumulative Wirkung von Fernsehbotschaften über einen langen Zeitraum in einer typischen Laborsituation nicht nachgestellt werden kann. In der Experimentalgruppe würden so aus Gerbners Sicht nur eine neue Medienbotschaft auf die unzähligen treffen, die im Laufe des Lebens bereits erworben wurden. Aus seiner Sicht unterscheiden sich Experimental- und Kontrollgruppe also nicht ausreichend. Aus Gerbners soziologischer Perspektive mangelt es an einer echten Kontrollgruppe, da im Grunde genommen jeder Mensch von Kindesbeinen an Fernsehbotschaften ausgesetzt ist. Nichtseher werden als Kontrollgruppe ausgeschlossen, weil sie nicht nur hinsichtlich ihres Fernsehkonsums, sondern auch in vielen anderen Merkmalen von Fernsehzuschauern abweichen (Rossmann & Brosius, 2004). Aus der methodischen Perspektive von psychologischen Experimenten im Labor ist zumindest diese letzte (im Zuge der Kultivierungsforschung häufig geäußerte) Kritik nicht berechtigt. Durch Randomisierung von Versuchspersonen wird garantiert, dass alle Merkmale gleichmäßig auf Experimental- und Kontrollgruppe verteilt sind. Getestet wird dann die Wirkung eines konkreten Stimulus. Dass ein einmaliges Sehen eines Stimulus nicht der Wirkung des Fernsehens im Lebensverlauf entspricht, ist jedoch in einem typischen Laborsetting nicht zu umgehen.

Klassisches Laborexperiment

Eine Möglichkeit dieser Problematik zu begegnen, ist das mehrmalige Konfrontieren von Befragten mit Fernsehbotschaften in einem prolonged-exposure-Experiment (auch Intensivexperiment oder sequenzielles Experiment genannt). So kann die kumulative Wirkung des Fernsehens zumindest in Ansätzen nachgestellt werden. Gleichzeitig kann ein Zusammenhang zwischen Fernsehbotschaften und Realitätseinschätzung kausal interpretiert werden. Beispielsweise präsentierten Rössler und Brosius (2001) ihren Probanden an fünf aufeinanderfolgenden Tagen Talkshowausschnitte zu bestimmen Themen. Im Anschluss an alle fünf Stimuli wurden Kultivierungseffekte gemessen. Die zusätzliche Fernsehnutzung der Probanden während dieses Zeitraumes wurde zu Kontrollzwecken ebenfalls erhoben. Besonders geeignet für solche Experimente sind Serienformate. Denkbar ist beispielsweise, dass den Probanden der Experimentalgruppe mehrere Folgen oder eine ganze Staffel einer Serie zugeteilt wird (z.B. Schnell & Bilandzic, 2017). Aufgrund der begrenzten Auswahl von Stimulus-

Prolonged-exposure-Experiment

material können genrespezifische Kultivierungseffekte mit dieser Methode gut untersucht werden (Rossmann & Brosius, 2004).

Experimentelle Ansätze verlangen eine hohe Kontrolle der Situation, die zumeist mit einer gewissen Künstlichkeit der Rezeptionssituation einhergeht. In jedem Fall muss entschieden werden, wie genau der Rezipient den Stimulus sieht. Hohe Kontrolle ist gegeben, wenn die Probanden sich in ein „Labor", also in einen vom Forscher zur Verfügung gestellten Raum begeben. Dort kann beobachtet werden, ob der Film wirklich gesehen und wie aufmerksam anschließend der Fragebogen ausgefüllt wurde. Gleichzeitig ist eine solche Situation kaum mit der üblichen Situation zu vergleichen, in der Fernsehen gesehen wird. Dies gilt besonders in prolonged-exposure-Experimenten, bei denen die Probanden mehrfach hintereinander einbestellt werden. Eine Alternative ist, Rezipienten das Stimulusmaterial zur Verfügung zu stellen und ihnen selbst zu überlassen, wann sie es sehen möchten. Damit sinkt allerdings die Kontrolle darüber, ob der Stimulus aufmerksam oder überhaupt gesehen wurde.

Fast alle prolonged-exposure-Experimente nehmen nur eine einzige Sendung als Grundlage. Streng genommen handelt es sich bei den Befunden solcher Studien nicht mehr um Kultivierung, sondern um die Medienwirkung einer einzelnen Sendung. Diese Problematik lässt sich für einzelne Studien kaum umgehen. Zudem lässt sich für serielle Formate diskutieren, ob von einer oder von mehreren Sendungen die Rede ist. Replikationen der gleichen Forschungsfrage mit ähnlich angelegten prolonged-exposure-Experimentaldesigns, die verschiedene Sendungen zugrunde legen, sind daher wünschenswert und notwendig, um eine allgemeine Aussage über Kultivierung treffen zu können. Bis dato sind solche Replikationsstudien allerdings kaum vorhanden.

Erforschung der Prozesse von Kultivierung Mit dem Wechsel der soziologischen zur psychologischen Perspektive der Kultivierungsforschung ab den 1990er-Jahren wurde nicht mehr nur danach gefragt, *ob* die Kultivierung nachweisbar ist, sondern *warum* sie auftritt (siehe Kapitel 2.2). Laborexperimentelle Designs sind für die Erforschung von Kultivierung an sich aus oben genannten Gründen nicht vorteilhaft. Um jedoch dahinter liegende Mechanismen aufzudecken und Randbedingungen des Effekts nachzuweisen, sind sie als methodischer Zugang sehr gut geeignet.

Bei solchen Studien geht es nicht darum, die Größe des gefundenen Effekts auf die Gesamtbevölkerung zu übertragen. Vielmehr sollen die der Kultivierung zugrunde liegenden Mechanismen systematisch aufgedeckt werden. Auf Basis solcher Forschungsergebnisse wurden die Modelle entwickelt, die in Kapitel 2.3 vorgestellt wurden. Experimentalstudien erfassen dabei immer nur einen kleinen Teil des Modells, können aber nie Kultivierung in ihrer Gesamtheit erklären.

Verfahren

Shrum, L. J. (2001): Processing strategy moderates the cultivation effect.

Um Randbedingungen von Kultivierung zu erforschen, testete Shrum, ob die Art der kognitiven Informationsverarbeitung Kultivierung erster Ordnung beeinflusst. Probanden waren Studierende. Sie wurden zufällig in drei Gruppen eingeteilt. Die erste Gruppe wurde vor der Beantwortung von Kultivierungsmaßen erster Ordnung explizit dazu aufgefordert, unvermittelt und spontan zu antworten (heuristische Informationsverarbeitung). Die zweite Gruppe wurde instruiert, intensiv nachzudenken und möglichst akkurat zu antworten (systematische Informationsverarbeitung). Die Kontrollgruppe erhielt keine Instruktionen. Im Vergleich zeigte sich, dass die systematische Gruppe keine Kultivierungseffekte zeigte. Die heuristische Gruppe und die Kontrollgruppe hingegen zeigten vergleichbar starke Kultivierungseffekte. Entsprechend schloss Shrum aus den Ergebnissen, dass systematische Informationsverarbeitung Kultivierung erster Ordnung schwächt. Die Ergebnisse deuten zudem darauf hin dass Probanden unter normalen Bedingungen in Befragungen ohne weitere Instruktionen heuristische Urteile fällen. Unter solchen Bedingungen zeigt sich Kultivierung. Diese Studie bildete einen Baustein für Shrums heuristisches Prozessmodell (Shrum, 2002, siehe Kapitel 2.3).

3.4.2 Längsschnittliche Ansätze

Neben dem experimentellen Ansatz eignet sich eine Erhebung mit mehreren Messzeitpunkten (Längsschnitt) zur Klärung von Ursache und Wirkung. Im Rahmen einer Kultivierungsstudie müssen dafür sowohl inhaltsanalytische Daten über das Fernsehprogramm als auch Befragungsdaten mit Mediennutzung und Kultivierungsmaßen der gleichen Befragten zu mindestens zwei Zeitpunkten erhoben werden.

Begriffe

Werden Daten einmalig bei mehreren Befragten erhoben, nennt man dies Querschnittsanalyse. Mit Querschnittsdaten können zwar Korrelationen, also Zusammenhänge zwischen Variablen errechnet werden, ein Kausalnachweis, also die Wirkrichtung von Zusammenhängen im Sinne einer unabhängigen und einer abhängigen Variablen, ist damit aber nicht möglich. Hier benötigt man Erhebungen mit zwei oder mehr Messzeitpunkten, sogenannte Längsschnittanalysen. Dazu müssen wiederholt die glei-

Quer- und
Längsschnittanalyse

chen Variablen zu mehreren Zeitpunkten erhoben und im Vergleich ausgewertet werden. Sofern dies mit unterschiedlichen Stichproben geschieht, wird dies als Trendstudie bezeichnet. In solchen Studien kann Medienwirkung nicht kausal nachgewiesen werden, da nicht sichergestellt
ist, dass eine Veränderung bei den Kultivierungsindikatoren durch das
Fernsehen und nicht durch andere Faktoren zurückzuführen ist. Längs-
schnittstudien mit denselben Befragten werden als Panelstudie bezeichnet. Hier können auf Individualdatenniveau intra-individuelle Verände-
rungen erfasst werden.

Im Vergleich der abhängigen Variablen zu den verschiedenen Messzeitpunkten kann z.B. dann mittels Kreuzkorrelationen oder kom-
plexeren statistischen Verfahren herausgestellt werden, ob eine veränderte (z.B. stärkere) Fernsehnutzung eine veränderte (z.B. in Richtung der Fernsehwelt verzerrte) Wahrnehmung der Realität nach sich
zieht (z.B. Gerbner, Gross, Morgan et al., 1980). Insgesamt sind solche Studien sehr aufwändig, weswegen sie selten durchgeführt werden. Gleichzeitig sind solche methodischen Designs nicht uneinge-
schränkt für die Untersuchung von Kultivierung zu empfehlen. Zum
einen handelt es sich, wie bereits erwähnt, aus der soziologischen
Perspektive um einen langfristigen Ansatz. Im Grunde müssten die
Rezipienten also vom ersten Kontakt mit dem Fernsehen an ihr Leben lang regelmäßig befragt werden. Gleichzeitig müsste eine bestän-
dige Inhaltsanalyse der Fernsehbotschaften stattfinden, um zu überprüfen, ob stärkerer Fernsehkonsum auch stärkere Kultivierung bewirkt. Wählt man aus forschungspragmatischen Gründen kürzere Er-
hebungszeiträume von Fernsehbotschaften und Befragungsdaten, so
lässt sich die Wirkung des Fernsehens nicht mehr nachweisen, sofern
Mediennutzungsmuster und Medienangebote zwischen den Erhe-
bungszeitpunkten unverändert sind (Rossmann, 2008, S. 61). Genau
davon ist aber (besonders bei gewohnheitsmäßiger Fernsehnutzung)
auszugehen. Am ehesten eignet sich ein solcher Zugang dann, wenn
die Medien neue Themen auf die Agenda setzen, die bis dahin in
Fernsehsendungen nicht thematisiert wurden. Für genrespezifische
Forschungsfragen, bei denen die vermittelten Botschaften spezifischer
ausfallen und stärker variieren können, erscheint ein solcher Ansatz
trotzdem fruchtbar. Beispielsweise befragten Beullens et al. (2011)
junge Autofahrer im Abstand von zwei Jahren zu ihrem Fahrverhalten. Sie konnten zeigen, dass die Nutzung von Actionfilmen zu positiven Einstellungen bezüglich riskantem Fahrverhalten (also z.B. dem
Fahren im alkoholisierten Zustand, schnelles Fahren) führte. Die

Nutzung von Fernsehnachrichten in diesem Zeitraum resultierte dagegen in entsprechend negativeren Einstellungen.

4. Empirische Befunde

Gerbners Annahme, dass Fernsehen kultiviert wurde in zahlreichen Studien nachgewiesen. Der Gedanke, dass Kultivierung (allein) von der Gesamtfernsehnutzung ausgeht, wurde vor allem mit der wachsenden Anzahl von Fernsehsendern infrage gestellt. Neuere Studien haben daher auch Kultivierung durch einzelne Genres erhoben. Kapitel 4.1 widmet sich der genrespezifischen Kultivierung. Mit der Betrachtung verschiedener Sendungen geht automatisch eine Differenzierung der im Fernsehen gezeigten Botschaften und damit auch der potenziellen Kultivierungsmaße einher (beispielsweise werden in Krimiserien typischerweise Gewalttaten und Mörder gezeigt, in Comedyserien sind sie hingegen selten). Kapitel 4.2 widmet sich daher der Ausweitung der abhängigen Variablen, also der verschiedenen Themen, zu denen Kultivierung untersucht wurde. Diese Kapitel sind nicht trennscharf, da mit veränderten unabhängigen Variablen auch immer andere abhängige Variablen in den Fokus gerückt werden. Die Trennung der Kapitel beruht eher auf verschiedenen Forschungsfragen: „Welche Wirkung geht von einer bestimmten Sendung oder einem Sendungstyp aus?" (Kapitel 4.1) versus „welche Wirkung zeigt das Fernsehen auf ein bestimmtes Thema?" (Kapitel 4.2). Kapitel 4.3 widmet sich intervenierenden Variablen, also solchen Variablen, die neben der Fernsehnutzung im Kultivierungsprozess eine Rolle spielen.

4.1 Genrespezifische Kultivierung

Im ersten Kapitel wurde bereits erläutert, dass Gerbner und seine Kollegen den Kern der Kultivierung in der Wirkung des Gesamtfernsehens sahen. Ihrer Meinung nach wirkt die Gesamtheit der von Kindesbeinen an vermittelten Botschaften gleichförmig über alle Sender und Sendungen hinweg. Mit der Ausdifferenzierung von Sendern und Sendeformaten wurde sowohl die Ausstrahlung gleichförmiger Botschaften über alle Genres hinweg, als auch die nonselektive Nutzungsweise der Seher infrage gestellt (z.B. Hawkins & Pingree, 1981b; Potter & Chang, 1990; Potter, 1993). Vor allem in Kombination beider Aspekte wird genrespezifische Kultivierung relevant. Wenn sich die Botschaften verschiedener Genres zwar unterscheiden, es aber keine Bevorzugung von bestimmten Genres gibt, würden Gerbners ursprüngliche Annahmen der Kultivierung durch die Gesamtfernsehnutzung weiterhin gelten. Dann würden die Seher über die Zeit von den unterschiedlichen Botschaften gleichermaßen kultiviert, was zu genreübergreifender Kultivierung führt. Umgekehrt wäre genreübergreifende Kultivierung auch dann vorhanden, wenn die

Botschaften aller Genres sich gleichen, diese aber selektiv genutzt werden (Rossmann, 2008, S. 108). Aus dem heutigen Forschungsstand ist jedoch abzuleiten, dass einerseits sehr unterschiedliche Fernsehnutzungsmuster vorliegen und Genres sich andererseits in ihren Botschaften stark voneinander unterscheiden.

Schlüsselstudien

Hawkins und Pingree (1980): Some processes in the cultivation effect

Die Autoren waren die ersten, die in der Kultivierungsforschung zusätzlich zur Gesamtfernsehnutzung verschiedene Genres (News, Cartoons, Game Shows, Sitcoms und Krimis) als unabhängige Variable mit einbezogen. Mithilfe eines Tagebuchs wurde das Fernsehverhalten von über 1000 Schulkindern festgehalten, die dann verschiedene Kultivierungsfragen erster und zweiter Ordnung zum Thema Kriminalität beantworteten. Einschätzung der Häufigkeiten von Gewalttaten (Kultivierung erster Ordnung) wird vor allem durch die Genres Krimi, Cartoons und Game Shows erklärt. Mean World-Einstellungen korrelieren schwach mit der Kriminutzung, darüber hinaus aber mit keinem anderen Genre. Stärker werden sie hingegen von der Gesamtfernsehnutzung erklärt. Die Autoren vermuteten daher, dass es sich bei der Einschätzung von Gewalttaten um genrespezifische Kultivierung handelt, Mean World Einstellungen dagegen eher genreübergreifend kultiviert werden. Dies war ein erster Hinweis darauf, dass unterschiedliche Kultivierungsmaße möglicherweise auch verschieden stark von Fernsehgenres beeinflusst werden können.

Vor allem seit der Etablierung von Streamingdiensten können Nutzer sich gezielt und dauerhaft bestimmten Genres intensiv aussetzen und andere dabei vollkommen vermeiden. Zu vermuten ist, dass zumindest innerhalb eines Genres gleichförmige Botschaften wiederholt werden, auch wenn diese sich nicht im gesamten Fernsehangebot wiederfinden. Solchen Fällen versucht genrespezifische Kultivierungsforschung gerecht zu werden. Von genrespezifischer Kultivierung ist immer dann die Rede, wenn die Genrenutzung mehr über die Realitätseinschätzung erklärt, als die Gesamtfernsehnutzung, bzw. wenn genrespezifische Kultivierung unter Kontrolle der Gesamtfernsehnutzung bestehen bleibt.

Kernsätze

> *Genrespezifische Kultivierung ist immer dann gegeben, wenn die Nutzung eines Genres statistisch mehr an der Einschätzung von genrespezifischen Kultivierungsindikatoren (z.B. Kriminutzung und Angst vor Kriminalität) erklärt, als die Gesamtfernsehnutzung.*
>
> *Die genrespezifische Nutzung sollte darüber hinaus weniger/keine Erklärungskraft für Kultivierungsindikatoren liefern, die nicht mit dem Genre in Zusammenhang stehen (z.B. Kriminutzung und die Einschätzung von Ärzten).*

Der Genrebegriff

Wie viele Genres es insgesamt gibt und welche Sendungen und Botschaften sie genau jeweils umfassen, ist nicht fest definiert. Beispielsweise zeigt Gehrau (2003) verschiedene Ansätze zur Verwendung des Genrebegriffs, je nachdem, ob das Angebot, das Publikum oder eine Interaktion von Angebot und Publikum im Vordergrund stehen. Fernsehprodukte werden meistens dann unter einem Genre zusammengefasst, wenn sie ähnliche gestalterische Merkmalen und Narrationsstrukturen aufweisen. Dies können beispielsweise bestimmte Charaktere (Mafiabosse, Westernhelden, Anwälte), Zeiten und Orte (eine typische New Yorker Wohnung, eine Fantasiewelt, ein Krankenhaus) oder Handlungsstränge (die Aufklärung eines Mordes, Familienleben, das Finden der großen Liebe) sein. Es liegt nahe, dass diese Merkmale von den Zuschauern mit Genre-Bezeichnungen assoziiert und zur Orientierung im Fernsehprogramm genutzt werden. Genres unterscheiden sich in zwei Aspekten, die für Kultivierung wirksam werden können. Zum einen gibt es Unterschiede in der Produktion und Aufmachung. Beispielsweise hat ein typischer Actionfilm eine höhere Schnittfrequenz als ein Liebesfilm; ein Reality-TV Format ist realistischer aufbereitet als eine Sitcom. Dies kann sich auf die Informationsverarbeitung während des Sehens auswirken (z.B. Grabe, Lang & Zhao, 2003 siehe auch Kapitel 4.3). Zusätzlich, und auf diesen Aspekt hat sich die genrespezifische Kultivierungsforschung hauptsächlich konzentriert, variieren Genres bezüglich ihrer inhaltlichen Botschaften.

Vor allem in der jüngeren Kultivierungsforschung wurde eine breite Palette verschiedener Genretypen als unabhängige Variable erforscht. Beispielhaft soll an dieser Stelle ein Überblick über die wichtigsten Entwicklungen genrespezifischer Kultivierungsforschung gegeben werden. Hier zeigt sich deutlich, dass genrespezifische Forschung auch mit der Popularität eines bestimmten Genres (bzw. eines Sendungstyps) einhergeht.

Vor allem wegen ihrer Beliebtheit in den 1990er-Jahren wurden von der Kultivierungsforschung ab diesem Zeitpunkt vermehrt Talkshows ins Auge gefasst. Diese erfolgreichen Formate, in denen (scheinbar) reale Menschen zu Wort kommen, bilden eine große Vielfalt alltäglicher sowie ungewöhnlicher bis skurriler Themen ab. In Analysen aus diesem Forschungsbereich ist die unabhängige Variable die Nutzung von Talkshows. Die abhängigen Variablen der jeweiligen Studien variieren jedoch thematisch stark. Die Kultivierungsindikatoren reichen von der Einschätzung von deviantem Verhalten (Woo & Dominick, 2001, 2003) über Erwartungen an die Ehe (Segrin & Nabi, 2002) bis hin zur Unterstützung von Familienpolitik (Glynn, Huge, Reineke, Hardy & Shanahan, 2007). Im deutschen Raum zeigen Rössler und Brosius (2001) in einem prolonged-exposure-Experiment, dass die Nutzung von Talkshows zu einer höheren Einschätzung der Zahl von Homosexuellen und Transsexuellen führt (Kultivierung erster Ordnung). Diejenigen, die Talkshows zu diesen Themen sahen, zeigten auch weniger restriktive Einstellungen gegenüber diesen Gruppen (Kultivierung zweiter Ordnung). Ab den 2000er-Jahren verschwanden diese Gesprächsrunden aus dem deutschen Nachmittagsprogramm und wichen zunehmend (Scripted) Reality-Formaten.

Talkshows

Entsprechend lässt sich auch hier ein neuer Fokus von Kultivierungsstudien verzeichnen. Diese umfassen ein weitläufiges Programm mit einem (z.T. für den naiven Rezipienten nicht erkennbaren) Anteil von vorgegebenen („gescripteten") Themen und Texten. Betrachtet wurden unter anderem Reality-Polizeiformate (z.B. Eschholz, Blackwell, Gertz & Chiricos, 2002; Grabe & Drew, 2007), Programme, die sich mit Schönheitsoperationen auseinandersetzen (z.B. Nabi, 2009; Rossmann & Brosius, 2005), Doku-Soaps (z.B. Fahr et al., 2013; Scharrer & Blackburn, 2017b) und Dating-Shows (z.B. Ferris, Smith, Greenberg & Smith, 2007). Dementsprechend weitläufig ist auch die Bandbreite an abhängigen Variablen, die der (vermuteten) Fernsehrealität des jeweiligen Genres und/oder Sendungstyps entsprechen. Ein Vergleich der Studien ist somit deutlich schwieriger, als bei Studien, deren unabhängige Variable nur ein bestimmter Sendungstyp eines Genres ist.

Reality-Formate

Ein weiteres Genre, das vor allem seit der Jahrtausendwende Aufmerksamkeit erfahren hat, sind Arztserien. Untersucht wurden in diesem Zusammenhang sowohl die Wahrnehmungen von Ärzten, als auch Einschätzungen der eigenen Gesundheit. In Bezug auf die Einschätzung von Ärzten finden Chory-Assad und Tamborini (2003), dass vor allem Vielseher von Arztserien Ärzte bezüglich ihrer Ethik

Arztserien

schlechter bewerteten (siehe hierzu auch Pfau, Mullen & Garrow, 1995). Zum gegenteiligen Schluss kommt Rossmann (2002) in Deutschland. Dies liegt vermutlich daran, dass Ärzte in der amerikanischen Fernsehlandschaft etwas negativer dargestellt werden, als in Deutschland.

Patienten in der Fernsehwelt weisen eine Verzerrung zu dramatischen und vor allem im Fernsehen gut abbildbaren Krankheiten auf. Zudem haben sie im Vergleich zur realen Welt eine deutlich höhere Überlebensrate (Hetsroni, 2009). Entsprechend konnte nachgewiesen werden, dass Vielsehen von Arztserien zur Überschätzung der Überlebenschancen nach einer ärztlichen Reanimation (van den Bulck, 2002) und zur Unterschätzung des Risikos chronischer Erkrankungen (Chung, 2014) führt. Der Fokus auf dieses Genre bildet eine Schnittstellte zur Gesundheitskommunikation, die die Wirkung von fiktionalen Fernsehbotschaften in neueren Studien stärker mit einbezieht (für einen Überblick siehe Hoffman, Shensa, Wessel, Hoffman, & Primack, 2017).

Unterschiede in genrespezifischer Kultivierung

In einer systematischen Studie betrachten Bilandzic und Rössler (2004) die Genres Talk-Shows, Krimis und Soaps. Die Mehrheit der Studien für Kriminutzung spricht nicht für genrespezifische Kultivierung, sondern für die Wirkung der Gesamtfernsehnutzung. Für Soaps und Talk-Shows zeigen sich uneinheitliche Befunde, die aber zumindest teilweise in die Richtung genrespezifischer Kultivierung deuten. Die Autoren schließen daraus, dass nicht alle Genres auf die gleiche Weise kultivieren, sondern sich die unterschiedliche thematische Nähe und die Intensität, mit denen Genres wahrgenommen werden, auf die Kultivierung auswirken (siehe Kapitel 4.3).

Eine weitere Möglichkeit zur Erklärung der unterschiedlichen Befunde wird von Rossmann aufgeworfen. Unterschiedliche Genres zeigen (teilweise) widersprüchliche Botschaften in Bezug auf bestimmte Einstellungsobjekte. Afroamerikaner werden beispielsweise in Sitcoms eher positiv, in Nachrichten und Reality-Formaten hingegen stark negativ dargestellt (Busselle & Crandall, 2002). Polizisten werden vor allem in Krimisendungen als (wenn auch manchmal die Regeln übertretend) äußerst erfolgreich in Bezug auf die Ausübung ihres Jobs gezeigt (Dirikx, van den Bulck & Parmentier, 2012), während die Darstellung in den Nachrichten deutlich negativer ausfällt (Ross, 2012). Ärzte werden vor allem in Arztserien und Gesundheitsmagazinen als fürsorglich und kompetent, dagegen in Boulevardmagazinen und Reportagen kritisch dargestellt (Rossmann, 2008). Sofern zwei Genres mit gegensätzlichen Darstellungen gleich stark genutzt werden, wür-

den sich die Effekte dieser beiden Darstellungen vermutlich gegensei-
tig aufheben. In einem solchen Fall kann keine genrespezifische Kultivierung mehr festgestellt werden. Noch problematischer ist, wenn innerhalb eines Genres unterschiedliche Subgenres verschiedene Botschaften senden. Man stelle sich vor, eine Reality-TV-Sendung mit
einem Schwerpunkt auf Polizeieinsätze stellt Polizisten positiv und erfolgreich dar, Gerichtssendungen aber als erfolglos und unnötig bru-
tal. Beide Subgenres werden im Genre „Reality TV" zusammengefasst, weswegen sich in einem solchen Fall keine genrespezifische
Kultivierung mehr zeigen würde.

An dieser Stelle zeigt sich die Problematik, die mit der Erforschung   Wo endet Kultivierung?
von genrespezifischer Kultivierung einhergeht. Da der Begriff Genre
nicht fest definiert ist und sich ständig neue Subgenres ausdifferenzieren (beispielsweise deutlich zu sehen am Genre „Reality-TV"), verwi-
schen Genregrenzen zunehmend. Dies führt mitunter zu sehr kleintei-
liger Abfrage von genrespezifischer Fernsehnutzung. Problematisch
erscheint vor allem die Erforschung von Kultivierung anhand nur
einer einzigen Sendung, da es sich hier zwar um sendungsspezifische
Medienwirkung, nicht aber um genrespezifische Kultivierung handelt. Ein Forscher, der nur eine einzige Sendung analysiert, muss kritisch diskutieren, ob er den gefundenen Effekt auch für andere Sendungen erwartet, ob es sich um einen genrespezifischen Effekt handelt oder ob der Effekt der Sendung auf Metabotschaften zurückgeht, die so auch über das gesamte Programm hinweg erwartet werden können.

Die hier skizzierte Forschung entfernt sich von Gerbners ursprünglich soziologisch geprägtem Ansatz der allgegenwärtigen und übergreifenden Fernsehbotschaften. Mit seinem Verständnis von Kultivierung scheint genrespezifische Forschung unvereinbar. Dabei muss betont werden, dass Gerbner nie der Meinung war, dass alle Genres die
gleichen Botschaften aussenden. Er lenkte lediglich seinen Forschungsfokus auf diejenigen Botschaften, die genreübergreifend dominant im Fernsehen präsent waren. In späteren Forschungsüberbli-
cken äußerten sich Vertreter des Cultural Indicators-Projekts zunächst kritisch. Genrespezifische Kultivierungsstudien stellen für sie
eher ein Ergebnis von selektiver Nutzung dar, und verwässern den ursprünglichen Gedanken der Kultivierung: „To focus only on specific
types of programs is to risk losing sight of what is most significant
about television as a *system* of messages" (Morgan & Shanahan,
1997, S. 6). Nach unterschiedlichen Botschaften in verschiedenen
Genres zu suchen führt zu einer Differenzierung, die verbirgt, dass

hinter allen Fernsehsendungen die gleichen Produktionsbedingungen stehen, die sich in einheitlichen Botschaften niederschlagen. Diese einheitlichen Botschaften gilt es aus der soziologischen Perspektive in der Kultivierungsforschung zu suchen und ihre Wirkung zu analysieren. In ihrem letzten veröffentlichten Forschungsüberblick betrachten Morgan und Shanahan (2010) genrespezifische Kultivierung als aktuelle Entwicklung der Kultivierungsforschung. Gleichzeitig kritisieren sie, dass Forscher mit einer gewissen Beliebigkeit genrespezifische Nutzung unter dem Deckmantel der Kultivierung präsentieren. Wo genau die Grenze zu Kultivierung verläuft, lassen sie an dieser Stelle aber offen.

Betrachten wir die oben getroffene Definition von genrespezifischer Kultivierung, liegt sie vor allem dann vor, wenn die Nutzung des Genres mehr erklärt als die Gesamtfernsehnutzung. Dieser Vergleich wird jedoch in vielen Studien übersehen und lediglich die genrespezifische Fernsehnutzung erhoben. In solchen Fällen kann nicht herausgestellt werden, ob die Vorstellungen über die soziale Realität tatsächlich durch das Genre kultiviert werden und nicht von der Gesamtfernsehnutzung stammen. Um von genrespezifischer Kultivierung sprechen zu können, sollten Studien daher 1. basierend auf eigenen oder vorhergehenden Inhaltsanalysen argumentieren können, dass die genrespezifischen Botschaften (stark) von denen des Gesamtfernsehens abweichen und 2. sollte die Gesamtfernsehnutzung mit erhoben und im Vergleich zur Genrenutzung analysiert werden.

Metabotschaften statt Genres?

Bilandzic und Rössler (2004) vermuten, dass Kultivierung nicht von einem (genre-) spezifischen Fernsehinhalt ausgeht, sondern von den durch das Fernsehen ausgestrahlten Metabotschaften. So können Gesamtfernsehnutzung und genrespezifische Nutzung zur gleichen Kultivierung führen, sofern sie sich auf die gleichen Metanarrationen beziehen. Nicht die einzelnen dargestellten Fakten und Vorgänge einer Fernsehsendung, sondern ihr dominanter Narrationsstrang ist ausschlaggebend für Kultivierung. Sie argumentieren daher, dass Indikatoren für Kultivierung nicht einer klassischen Genreeinteilung folgen sollten, sondern denjenigen Sendungen, die inhaltliche Metabotschaften teilen (beispielsweise vereinen sowohl typische Kriminalfilme als auch Sitcoms die Metabotschaft „Am Ende wird alles gut"). Eine Erfassung von Genres ist für die Kultivierungsforschung vor allem deswegen sinnvoll, weil sie oftmals Metanarrationen in sich vereinen, die andernfalls nur mit sehr aufwändigen Inhaltsanalysen erfasst werden können. Zumindest können sie daher als Annäherung an die Erfassung von Metabotschaften betrachtet werden. Inwiefern der (derzeit) klassische Genrekatalog in Zukunft Bestand hat, ist unklar. Vor allem mit der Produktion von neuen und hochwertigen Serienformaten, differenzieren sich neue Genretypen aus. Ob und warum unterschiedliche Genres unterschiedlich stark kultivieren, bzw. überhaupt eine stärkere Kultivierung als die Gesamtfernsehnutzung aufweisen, ist nach wie vor nicht geklärt. Eine systematische Näherung an die Beantwortung dieser Frage kann nur gewährleistet werden, wenn sowohl die Botschaften als auch die Nutzungsintensität der unterschiedlichen Genres bekannt sind.

4.2 Ausweitung der abhängigen Variablen

Im Folgenden soll gezeigt werden, welche Themen über die Vorstellungen und Einstellungen zu Kriminalität und Gewalt hinaus in der Kultivierungsforschung untersucht wurden.

4.2.1 Kultivierung von (Wert- und) Moralvorstellungen

Vor allem fiktionale Fernsehinhalte stellen eine große Bandbreite an sozial erwünschten oder unerwünschten Situationen und Handlungen dar. Gleichzeitig zeigen Fernsehinhalte auch Konsequenzen von Normverletzungen auf. Insofern wird dem Fernsehen Kultivierungspotenzial für Moralvorstellungen zugeschrieben, da es uns vorführt, was gesellschaftlich akzeptiert ist. Auf Basis solcher Darstellungen können Zuschauer eigene moralische Urteile abtesten, anpassen oder neu aushandeln.

Der am häufigsten untersuchte Bereich von moralischem Fehlverhalten bzw. Normverletzungen, ist Aggression und Gewalt, beginnend im Cultural-Indicators-Projekt. In diesem Kontext wurde hauptsächlich beachtet, ob Gewaltausübung eher belohnt oder bestraft wird. Insgesamt zeigen inhaltsanalytische Untersuchungen, dass aggressive Handlungen im Fernsehen eher belohnt (bzw. als gerechtfertigt präsentiert), als bestraft werden (Martins & Wilson, 2012; Potter & Smith, 2000).

Bilandzic, Hastall und Sukalla (2017) beziehen auch nicht-aggressive Normverletzungen wie Lügen und Täuschung in ihre Inhaltsanalyse ein. Leichte Normverletzungen wie Unhöflichkeit sind nach Ansicht der Autoren genauso gewichtig, wie starke Normverletzungen, da sie von den Rezipienten einfacher in ihr Alltagsleben integriert werden können. Ihre Analyse der beliebtesten Seifenopern, Arztserien, Sitcoms und Kriminalsendungen des deutschen Fernsehens zeigt, dass aggressives Verhalten nur einen sehr geringen Teil der Normverletzungen darstellt. Der größte Teil wird durch Lügen und Täuschung sowie verbal aggressives Verhalten und aggressive Sprache ausge-

Moralische Handlungen im Fernsehen

macht. Protagonisten, die Normverletzungen vornehmen, sind hauptsächlich durch egoistische Motive getrieben, wobei sie für ein solches
Verhalten selten bestraft werden. Krimisendungen zeigen dabei die
meisten Normverletzungen, Seifenopern die wenigsten. Insgesamt
weisen die Genres unterschiedliche Muster in Bezug auf Normverletzungen und deren Konsequenzen auf. Krimisendungen zeigen viel
Gewalt, gleichzeitig auch viel Gerechtigkeit. Arztserien zeigen den
höchsten Grad an Reflexion von moralischem Verhalten und altruis-
tischen Motiven. In Sitcoms und Seifenopern spielen eher verbale
Normverletzungen eine Rolle. Lügen und Täuschung tauchen hingegen genreübergreifend auf.

Solche Klassifizierungen sind nah an den bereits erwähnten Metabotschaften. Nicht umsonst ist „die Moral von der Geschicht'" das, was
von einer Erzählung unter dem Strich übrig – und damit beim Seher
vermutlich hängen bleibt. Ein Vorteil der Erforschung von Moralvorstellungen und Normverletzungen im Kontext von Kultivierung ist
deren kulturell übergreifende Gültigkeit. Auch wenn Normen zwischen kulturellen Räumen variieren können, gibt es einen Grundka-
non an Werten, der in fast jeder Kultur anerkannt wird (beispielsweise, dass Lügen, Stehlen und Töten unmoralisch ist).

Wirkung von moralischen
Darstellungen Die Wirkung der dargestellten moralischen Handlungen wurde von
Schnell und Bilandzic (2017) untersucht. In einem prolonged-exposure-Experiment sahen Teilnehmer über vier Wochen Serien verschiedener Genres. Anschließend wurden sie in einer Befragung mit einem
moralischen Dilemma konfrontiert, wie es so in einer der Fernsehse-
rien hätte vorkommen können. Danach sollten sie verschiedene Argumente zur Lösung des Dilemmas bewerten. Vor allem Arztserien
ziehen eine Bewertung nach sich, die auf die Aufrechterhaltung bestehender Normen und gesellschaftlicher Regelungen zielt. Comedyseri-
en hingegen führen zu einer postkonventionellen Bewertung. Das
sind Bewertungsschemata, die die allgemeine soziale Ordnung auf-
rechterhalten und individuelle Rechte schützen können, die aber
nicht einfach befolgt werden müssen, weil es das Gesetz ist (z.B. die
Frage darüber, ob das Leben eines Menschen zu beenden jemals eine
mitfühlende Handlung sein kann).

Für die zukünftige Erforschung von Moralvorstellungen wird heraus-
fordernd, dass sich viele moderne (Serien-)Helden nicht mehr einem
eindeutig guten oder bösen Moralschema zuordnen lassen, sondern
vor allem ambivalente Charaktere (Antihelden) fiktionale Sendungen
dominieren (Daalmans, Hijmans & Wester, 2017). Welche Kultivie-

rung von solchen Darstellungen in Bezug auf Moralvorstellungen ausgeht, ist noch unklar.

4.2.2 Kultivierung von Geschlechtsrollen

Im Vergleich zu Männern sind Frauen bis heute im Fernsehen unterrepräsentiert. Auch wenn Geschlechterstereotypen in den vergangenen Dekaden ausgeprägter waren, so sind in der Fernsehwelt Männer immer noch stark, machohaft und dominant, während Frauen vornehmlich als abhängig und unterlegen dargestellt werden (Sink & Mastro, 2016).

Bereits im Cultural Indicators Projekt wurde herausgestellt, dass Frauen häufiger als Opfer krimineller Gewalttaten im Fernsehen gezeigt wurden, als Männer. In den letzten Dekaden lässt sich zunehmend auch ein Anstieg an der Darstellung sexueller Gewalt gegen Frauen verzeichnen (Cuklanz, 2000). Aus Kultivierungsperspektive lässt sich vermuten, dass solche Darstellungen auf gesellschaftlicher Ebene mit dazu beitragen, dass Gewalt gegen Frauen toleriert wird (Kahlor & Eastin, 2011) und insbesondere Frauen Angst vor Gewalt haben (Custers & van den Bulck, 2013). Tatsächlich zeigt sich, dass vor allem die Nutzung von Krimisendungen bei Frauen das empfundene Risiko, Opfer von sexueller Gewalt zu werden, erhöht (Custers & van den Bulck, 2013). Darüber hinaus schätzen Frauen, die viel fernsehen, die Rate von falschen Vergewaltigungsvorwürfen höher ein und akzeptieren „Vergewaltigungsmythen" (also die Bagatellisierung sexualisierter Gewalt) eher als Wenigseherinnen (Kahlor & Morrison, 2007; Kahlor & Eastin, 2011).

Die Wirkung von Fernsehen auf Geschlechtsrollen wurde vor allem in Japan erforscht, wo traditionelle Rollenbilder bis heute noch stark vertreten werden. Dies schlägt sich auch im japanischen Fernsehprogramm nieder (Yamamoto & Ran, 2014). Aus Kultivierungsperspektive erhält eine solche Darstellung den Status quo, anstatt den „Gender gap" zu schließen und Frauen stärker Zugang zu Bildung und Beteiligung am Arbeitsmarkt zu gewähren. Studien zeigen, dass Vielseher tatsächlich an konventionellen Rollenbildern festhalten (Yamamoto & Ran, 2014). Gleichzeitig werden besonders konservative Seher durch das Fernsehen in eine etwas liberalere Richtung kultiviert (Saito, 2007). Dies ist ein Befund, der unter Mainstreaming eingeordnet werden kann (siehe Kapitel 2.1). Scharrer und Blackburn (2017a) zeigen, dass das Sehen von Sitcoms, Krimiserien, Sportsendungen und Reality TV ein traditionelles männliches Rollenbild kultiviert. Dazu gehört beispielsweise das Ablehnen von Weiblichkeit, die Wichtigkeit von körperlicher Stärke, Dominanz, Betonung von Sexualität

Viktimisierungsangst

Traditionelle Rollenbilder

und unterdrückte Emotionalität. Die Autoren führen dies auch darauf zurück, dass Männer im Fernsehen körperlich und verbal aggressiver, weniger romantisch und familiengebunden dargestellt werden als Frauen. Ältere Befunde zeigen, dass Inhalte, die Frauen als Männern gleichgestellt präsentieren (zum Beispiel, wenn Frauen in typischen Männerberufen arbeiten), entsprechende Einstellungen kultivieren (Miller & Reeves, 1976). Tatsächlich scheinen vor allem männliche Geschlechtsrollen in der Fernsehdarstellung hinterherzuhinken. Während mittlerweile verstärkt Frauen in früher typisch männlichen Berufen im Fernsehen zu sehen sind, werden kaum Hausmänner und (nicht arbeitende) Familienväter dargestellt. Wenn Männer überhaupt in solchen Rollen dargestellt werden, dann oft in negativer Weise (Scharrer, Kim, Lin & Liu, 2006).

Körperbilder

Ein weiterer Aspekt, der in Zusammenhang mit Geschlechtsrollen steht, ist die Wirkung medialer Darstellungen von Körperbildern. Dieser Forschungsbereich ist vor allem deswegen relevant, weil die Internalisierung von in den Massenmedien verbreiteten Körperbildern Körperstörungen hervorrufen kann. Obwohl diese auch für Männer eine Rolle spielen, wurden sie in der Kultivierungsforschung vornehmlich an weiblichen Rezipienten untersucht. Besonders Frauen werden im Fernsehen stark idealisiert präsentiert und kommentiert (Fouts & Vaughan, 2002). Eisend und Möller (2007) zeigen, dass erhöhter Fernsehkonsum mit einer verzerrten Wahrnehmung von Körperidealen in der Gesellschaft und mit der eigenen Körperzufriedenheit einhergeht. Vor allem bei Frauen führt Fernsehen zu einer verzerrten Wahrnehmung in Bezug auf die Diskrepanz zwischen ihrem eigenen und dem idealen Körper. Dieses Muster konnte bereits bei Grundschulkindern nachgewiesen werden (Martins & Harrison, 2011). In Bezug auf Schönheitsoperationen zeigen Rossmann und Brosius (2005), dass das Fernsehen deutlich von der Realität abweicht. Beispielsweise werden Brustvergrößerungen deutlich häufiger dargestellt, als sie anteilig in der Realität vorgenommen werden, dagegen sind Faceliftings im Vergleich unterrepräsentiert. In Zusammenhang mit der Rezeption einer Sendung, die sich ausschließlich mit Schönheitsoperationen befasst, können zudem positive Einstellungen gegenüber solchen Eingriffen für Vielseher nachgewiesen werden (siehe auch Nabi, 2009).

Die Wirkung von Fernsehbotschaften auf Körperbilder wird häufig ohne speziellen Fokus auf Kultivierung analysiert. Die Forschung zur Wirkung stereotyper Darstellungen wird in den meisten Fällen mit Experimenten durchgeführt und fällt somit nicht in den typischen

Methodenkatalog von Kultivierungsstudien. Trotzdem können vor allem Inhaltsanalysen zu diesem Thema als Ausgangspunkt für nachfolgende Kultivierungsstudien genutzt werden. Aktuelle Analysen zeigen, dass Frauen im Fernsehen noch immer deutlich unterrepräsentiert sind und ab einem Alter von 30 Jahren sukzessive seltener vorkommen, während Männern die Expertenrolle vorbehalten bleibt (Prommer & Linke, 2017). Relevanz der Untersuchung von Kultivierung und Geschlechterrollen ist sowohl in Bezug auf Gleichstellungsförderung in der Gesellschaft als auch in Bezug auf Wirkungen von Geschlechterdarstellung (z.b. erwartetes Rollenverhalten, Berufswünsche oder Körperstörungen) gegeben.

4.2.3 Kultivierung von politischen Einstellungen

Politische Einstellungen wurden eher selten unter der Perspektive der Kultivierungsforschung untersucht. Dies liegt auch daran, dass Kultivierung einen starken Fokus auf fiktionale Inhalte hat, politische Einstellungen aber oftmals in Bezug auf die Nutzung von Nachrichten, Parteiprogrammen oder anderen non-fiktionalen Inhalten analysiert wurden.

Ein Bereich, der in Zusammenhang mit Kultivierung häufiger untersucht wurde, ist die Darstellung von ethnischen Minderheiten. In ihrer Metaanalyse stellen Mastro und Tukachinsky (2012) heraus, dass ethnische Minderheiten im US-amerikanischen Fernsehen generell unterrepräsentiert sind. Eine Ausnahme bildet immer noch die schwarze Bevölkerung. Während sie in den 1970er-Jahren im Vergleich zu ihrem relativen Anteil an der Gesamtbevölkerung noch unterrepräsentiert war, ist sie ab den 1990er-Jahren sogar überrepräsentiert. Vor allem Menschen asiatischen und lateinamerikanischen Ursprungs sind im Vergleich zu Weißen dagegen stark unterrepräsentiert. Indigene Völker kommen im Fernsehen so gut wie gar nicht vor. Entsprechend dieser Verteilungen lassen sich Fehleinschätzungen über die Zusammensetzung der Bevölkerung feststellen (z.B. Sigelman & Niemi, 2000). Dieses Phänomen wird in der politischen Kommunikation auch als „Innumeracy" bezeichnet und wurde weitestgehend nicht mit einem Fokus auf Fernsehen untersucht. Trotzdem hat sich gezeigt, dass vor allem Fernsehen im Zusammenhang mit einer verzerrten Einschätzung der Größe ethnischer Minderheiten steht (Herda, 2010).

Busselle und Crandall (2002) können zeigen, dass vor allem das Sehen von Comedyserien zu einer positiven Wahrnehmung von Afroamerikanern führt, was sie auf deren eher positive Darstellung in Sitcoms zurückführen. Das Sehen von Nachrichten, in denen sie über-

Einschätzung und Vorstellungen von Minderheiten

proportional als Gesetzesbrecher präsentiert werden (Dixon & Linz, 2000), führt zu niedrigen Einschätzungen von Einkommen und höheren Einschätzungen zur Gewaltbereitschaft von Afroamerikanern (Dixon, 2008). Lateinamerikanische Einwanderer oder deren Nachkommen („Latinos") nehmen typischerweise negative Rollen ein und werden stark stereotypisiert präsentiert. Vielseher schätzen diese Bevölkerungsgruppe eher als kriminell und faul ein (Mastro, Behm-Morawitz & Ortiz, 2007). Das zeigt, dass über die negative und stereotype Darstellung bestimmter Eigenschaften (einzelner) Angehöriger von Minderheiten Vorurteile beim Fernsehzuschauer aufgebaut, die verallgemeinernd auf die ganze Bevölkerungsgruppe übertragen werden.

Insgesamt liegt der Schwerpunkt der Forschung über die Repräsentation von Minderheiten im US-amerikanischen Kontext auf der Darstellung der schwarzen Bevölkerung. Im deutschen Raum wurde der Forschungsfokus eher auf Migration und Migrationsgruppen als auf ethnische Minderheiten gelegt. Analysen des Fernsehprogramms in Bezug auf die Darstellung von Migranten sind rar. Eine Ausnahme bildet die Analyse des WDR Programms von Krüger und Simon (2005), die zeigt, dass Menschen mit Migrationshintergrund überwiegend neutral oder positiv dargestellt werden. Andererseits werden im deutschen Raum Migranten und Migrationsthemen vor allem in Nachrichtensendungen hauptsächlich negativ und häufig im Kontext von Kriminalität und Terrorismus gezeigt (Ruhrmann, Sommer & Uhlemann, 2006).

Interkulturelle Kultivierung

Van den Bulck (2012) weist darauf hin, dass Kultivierung kein rein amerikanisches Phänomen ist, aber viele internationale Märkte amerikanische Produktionen ausstrahlen. Es ist unklar, inwiefern sich diese Produktionen auf Personen mit nichtamerikanischem kulturellem Hintergrund auswirken. Weimann (1984) konnte zeigen, dass vor allem Vielseher von amerikanischen Fernsehproduktionen ein positives Bild vom Leben in den USA hatten als Wenigseher. Schallhorn (2013, 2017) zeigt, dass im Fernsehen übertragene Mega-Events (wie der Eurovision Song Contest oder eine Fußballweltmeisterschaft) die Wahrnehmung des Gastgeberlandes entsprechend der medialen Darstellung kultivieren. Insgesamt ist interkulturelle Kultivierung jedoch wenig beforscht.

Politische Einstellungen

Neben der Kultivierung der Vorstellungen von bestimmten Bevölkerungsgruppen wurden auch andere Einstellungskonzepte in Zusammenhang mit Fernsehnutzung erforscht. Die Forscher des Cultural Indicators-Projekts widmeten sich erstmals im Jahr 1982 politischen

Einstellungen. Basierend auf vorherigen Befunden aus dem Projekt schließen sie, dass das Fernsehen eine gewalthaltige und gefährliche Welt zeigt und damit in den Sehern den Wunsch nach repressiven und gleichzeitigt möglichst harten und „einfachen" politischen Maßnahmen weckt. Sie finden starke Mainstreamingtendenzen: Vielseher, egal welcher politischen Orientierung, zeigen weniger Unterstützung für die Rechte von Schwarzen und Homosexuellen, das Recht auf Abtreibung und die Legalisierung von Marihuana. Vor allem politisch liberale Vielseher näherten sich stark den moderaten und konservativ Gesinnten an (Gerbner, Gross, Morgan & Signorielli, 1982).

Ausgehend von diesen Befunden widmeten sich Morgan und Shanahan (1991, 2017) in mehreren Studien der Frage des Zusammenhangs zwischen Fernsehnutzung und Autoritarismus. Einfach gesprochen vereint die „autoritäre Persönlichkeit" verschiedene antidemokratische Einstellungen, wie beispielsweise Antisemitismus, Nationalismus und Ethnozentrismus. Hier rücken die Autoren den soziologisch geprägten Kultivierungsgedanken ins Zentrum, der einen engen Zusammenhang zwischen den Medienbotschaften und dem politischen System zugrunde legt. Ihre erste Studie führten sie in den 1980er-Jahren in Argentinien durch, direkt nach dem Umsturz der Militärdiktatur (Morgan & Shanahan, 1991). Die Ergebnisse zeigen, dass jugendliche Vielseher eher autoritäre als demokratische Werte unterstützten. Ähnliche Befunde zeigten Replikationen der Studie in den USA (Shanahan, 1995, 1998). Die Autoren vermuteten, dass (starke) Fernsehnutzung die politische Entwicklung der Jugendlichen unterdrückt. Durch die Sozialisation mit diesem Medium kann Autoritarismus über die Jahre verstärkt werden.

Autoritarismus

In einem prolonged-exposure-Experiment untersuchten Wünsch, Nitsch und Eilders (2012) Kultivierung im Kontext der Serie Lindenstraße. Diese eignet sich, weil sie sich durch ein hohes Maß an Sozialkritik auszeichnet und gesellschaftlich relevante Themen wie Umweltschutz, Drogensucht und Terrorismus aufgreift. Als Stimulus wurden solche Folgen ausgesucht, die sich explizit mit Politik im engeren und weiteren Sinn beschäftigten. Von beiden Arten von Inhalten ging eine ähnliche Kultivierung aus. Vor allem zeigte sich dies in Form von Verhaltensabsichten, wie z.B. Wahlbeteiligung oder Boykott (Kultivierung dritter Ordnung). Hier knüpfen die Autoren an die theory of planned behavior (siehe Kapitel 6.5) an. Diese geht davon aus, dass Verhalten(sabsicht) durch vorgelagerte Einstellungen erklärt wird. Somit kann Fernsehen durch Kultivierung zweiter Ordnung indirekt auch Verhalten (z.B. das Wählen einer bestimmten Partei) beeinflussen. Ein Einfluss auf Einstellungen (Kultivierung zweiter Ordnung) wurde von Wünsch et al. (2012) nicht jedoch festgestellt. Sie zeigen dagegen, dass Kultivierung stark von Rezipienteneigenschaften beeinflusst wird, beispielsweise dem politischen Interesse des Zuschauers. Solchen intervenierenden Variablen widmet sich der nächste Abschnitt.

4.3 Intervenierende Variablen

In diesem Kapitel werden Variablen aufgezeigt, die zusätzlich zur Fernsehnutzung herangezogen wurden, um Kultivierung zu erklären. In diesem Abschnitt werden hauptsächlich Befunde aus der psychologischen Forschung dargestellt. Der Fokus richtet sich auf Erkenntnisse aus der Kognitionspsychologie und der narrativen Persuasionsforschung.

Dieses Kapitel teilt sich inhaltlich in verschiedene Komponenten auf: Eigenschaften des Rezipienten, Eigenschaften der Medienbotschaft und Variablen, die in der Interaktion zwischen Rezipient und Fernsehnutzung entstehen. Diese Einteilung ist künstlich, da es sich bei fast allen beschriebenen Einflüssen um Interaktionen zwischen Rezipient und Fernsehbotschaft handelt. Trotzdem gibt es Eigenschaften, die dem Rezipient innewohnen und stabil bleiben, wie z.B. seine soziodemografischen Eigenschaften. Genauso gibt es Eigenschaften, die eher der Fernsehbotschaft zuzuordnen sind und schließlich solche, die vor allem im Rezeptionsprozess, also während des Sehens, eine Rolle spielen und sich von Situation zu Situation verändern können.

4.3.1 Eigenschaften des Rezipienten

Soziodemografische Einflüsse

Bereits in den frühen Studien im Cultural Indicators-Projekt wurden von Gerbner und seinem Team die Einflüsse von soziodemografischen Variablen betrachtet. Für das Thema Gewalt und Kriminalität zeigt sich häufig stärkere Kultivierung bei Frauen und älteren Menschen. Dies wird üblicherweise damit erklärt, dass Frauen und ältere Personen per se ängstlicher sind und die Fernsehbotschaften bei ihnen damit stärkeres Wirkungspotenzial entfalten können. Auch zeigt sich in den meisten Fällen geringere Kultivierung für höher Gebildete. Dies kann daran liegen, dass mit höherer Bildung auch häufig höhere kognitive Fähigkeiten einhergehen, was Kultivierung vermindert (siehe Kapitel 2.2). In den meisten Kultivierungsstudien werden diese drei Variablen daher erfasst und ihr Einfluss kontrolliert.

Need for cognition

Eine Reihe von Befunden spricht dafür, dass Onlineurteile (siehe Kapitel 2.3) nicht von allen Sehern gleichmäßig stark gefällt werden. Die Urteilsbildung wird auch von Persönlichkeitseigenschaften beeinflusst. Eine in diesem Zusammenhang häufig diskutierte Persönlichkeitsvariable ist „Need for Cognition", im Deutschen auch Kognitionsbedürfnis genannt.

Begriffe

> Need for cognition beschreibt die Tendenz, mit der Menschen sich gern kognitiv anstrengenden Tätigkeiten hingeben (Cacioppo & Petty, 1982).

Need for cognition

Menschen, die ein hohes Kognitionsbedürfnis haben, denken gern intensiv nach und wägen Argumente ab. Aus diesem Grund verarbeiten sie vermutlich auch Fernsehbotschaften intensiver und bilden eher Onlineurteile, als Menschen mit niedrigem Kognitionsbedürfnis. Shrum (2004) kann in einer Reihe von Studien zeigen, dass Seher mit einem hohen Need for Cognition stärkere Kultivierung zweiter Ordnung zeigen, als Seher mit niedrigem Kognitionsbedürfnis. Für Kultivierung erster Ordnung zeigt sich hingegen kein Interaktionseffekt zwischen Kognitionsbedürfnis und Fernsehnutzung (Shrum, 2001).

In ähnlicher Weise beeinflusst „Need to evaluate" Kultivierung. Need to evaluate beschreibt das Bedürfnis von Menschen, bewertende Urteile in Bezug auf Einstellungsobjekte abzugeben (Jarvis & Petty, 1996). Es wird davon ausgegangen, dass Menschen mit hohem Bewertungsbedürfnis eher Onlineurteile bereits während des Sehens fällen und an ihren Einstellungen stärker festhalten. Menschen mit niedrigem Bewertungsbedürfnis hingegen bilden eher memory-based Urteile – also nur dann, wenn sie danach gefragt werden, beispielsweise in Kultivierungsstudien. Coenen und van den Bulck (2016b) finden Kultivierung zweiter Ordnung nur bei Personen mit hohem Bewertungsbedürfnis.

Need to evaluate

Aus einer anderen Perspektive argumentieren Forscher, die Kultivierung in Zusammenhang mit Transportation untersuchen. Transportation beschreibt den Zustand, sich vollkommen in einer Erzählung zu verlieren (Green & Brock, 2000). Auf diese Weise verhindert Transportation Kritik oder Gegenargumente, da alle kognitiven Ressourcen auf die Erzählung gerichtet sind. Der Zuschauer wird in die Geschichte hineingesogen, hinterfragt ihre Botschaften nicht und wird genau deswegen auch empfänglicher für sie. Menschen mit einer hohen „Transportability" (der Persönlichkeitseigenschaft einfach und häufig in Geschichten „transportiert", also hineingesogen zu werden) sollten daher auch höhere Kultivierungseffekte zeigen. In einem Experimentaldesign können Bilandzic und Busselle (2008b) nachweisen, dass genrekonsistente Einstellungen vor dem Sehen eines

Transportation und Tansportability

Films Transportation während des Sehens verstärken. Die Ergebnisse sprechen auch dafür, dass Transportability Kultivierung verstärkt. Allerdings zeigten sich diese Befunde nicht über alle abhängigen Variablen hinweg.

Begriffe

Transportation

Transportation beschreibt den Zustand, sich in einer Erzählung zu verlieren. Dabei werden alle kognitiven Ressourcen auf die Narration gerichtet (Green & Brock, 2000).

Persönliche Erfahrung

Im Zuge der Erforschung der Konzepte Mainstreaming und Resonanz (siehe Kapitel 2.1) wurde über die Rolle von persönlicher Erfahrung diskutiert. Vor allem dann, wenn Menschen persönliche Erfahrungen machen, die im Einklang mit der Fernsehwelt sind, wird Kultivierung verstärkt (Resonanz). Fast alle Studien, die persönliche Erfahrung mit einbeziehen, vernachlässigen jedoch, ob die Erfahrung positiv oder negativ war, wie lange sie zurückliegt und ob es sich um ein einmaliges Ereignis (z.B. einem Diebstahl zum Opfer zu fallen) oder eine langjährige Erfahrung (z.B. die Ausübung des Polizeiberufs) handelt. Vor allem im Kontext von Gewalt und Kriminalität kann argumentiert werden, dass persönliche Erfahrung in diesem Bereich höchstwahrscheinlich generell negativ ausfällt und der gewalttätigen und negativen Darstellung im Fernsehen somit entspricht. Für andere Bereiche ist diese Annahme schwerer zu treffen. Insgesamt wurde persönliche Erfahrung in Kultivierungsstudien zu sehr verschiedenen Themen und auf höchst unterschiedliche Weise operationalisiert (für einen Überblick siehe Schnauber & Meltzer, 2015).

4.3.2 Eigenschaften der Fernsehbotschaft

Lebhaftigkeit

Denken wir an Shrums Prozessmodell zurück (Kapitel 2.3), so werden für Urteile unter heuristischen Bedingungen vor allem solche Fernsehbeispiele herangezogen, die schnell zur Verfügung stehen. Die Lebhaftigkeit von Konstrukten beeinflusst eine solche kognitive Verfügbarkeit (Shrum, 1996). Bilandzic (2002) kann zeigen, dass lebhafte Informationen besser erinnert werden, auch wenn sie insgesamt seltener rezipiert werden. In ihrer Studie werden lebhafte Aspekte der Darstellung von Polizeiarbeit eher der Arbeit von echten Polizisten zugeschrieben. Das zeigt, dass vor allem lebhafte mediale Botschaften in die Wahrnehmung der sozialen Realität einfließen.

Humoristische Darstellung

Inhaltsanalysen zeigten früh, dass Gewalt oft in einem humorvollen Kontext präsentiert wird (Potter & Warren, 1998). Das gilt sowohl für Comedyformate, die vor allem verbale Gewalt in verharmlosenden Szenen zeigen, als auch für Actionfilme, die Schlüsselszenen mit humoristischen Äußerungen anreichern. Einige Studien konnten zeigen, dass humoristische Darstellung von Gewalt ihre Wahrnehmung verändert (z.b. King, 2000). Früh (2001) vermutet, dass Gewalt in einem humorvollen Kontext eher als faszinierend empfunden wird, da das Mitgefühl mit den Opfern gehemmt wird. Somit kann die dargestellte Gewalt ohne schlechtes Gewissen genossen werden. Diese Annahme ist deswegen interessant, weil vor allem neuere Serienformate, die dem Bereich des Quality-TV zugeschrieben werden, als ein Genremix beschrieben werden. Die Kombination aus Gewalt und Humor erscheint in solchen Formaten also wahrscheinlich und ihre Erforschung im Kontext von Kultivierung lohnenswert.

4.3.3 Interaktion zwischen Fernsehbotschaft und Rezipient

Im Zuge von der Untersuchung von genrespezifischer Kultivierung spielen Zuwendungsmotive für und Rezeptionsprozesse von Medieninhalten eine zentrale Rolle. Beispielsweise sehen wir uns Nachrichten mit einer anderen Erwartung und Aufmerksamkeit an als Spielfilme. So wurde erforscht, ob aktive Zuwendung zu einem Medieninhalt Kultivierung begünstigt oder schwächt (siehe auch Kapitel 6.1). Zum einen ist denkbar, dass eine passive, der Gewohnheit folgende (habitualisierte) Nutzung Kultivierung verstärkt, weil der Rezipient dann weniger aufmerksam ist und eine Botschaft nicht aktiv zurückweist (Rubin, 1993). Aber auch das Gegenteil lässt sich argumentieren: Ein aktiver Rezipient sucht gezielt nach Botschaften (sogenannte instrumentelle Nutzung), die dann auch stärker wirken können (Perse, 1986). Insgesamt fallen die Befunde für aktive Zuwendung zu Medieninhalten sehr unterschiedlich aus (für einen Überblick siehe Rossmann, 2008, S. 218ff.). Es gibt keinen eindeutigen Hinweis darauf, ob aktive Selektion Kultivierung verstärkt oder abschwächt. Diese Unterschiede könnten dadurch erklärt werden, dass aktive Rezeption aus unterschiedlichen Motiven stattfinden kann (wie beispielsweise parasoziale Beziehungen oder thematische Nähe). Wie der folgende Abschnitt zeigt, können diese wiederum Kultivierung eigenständig beeinflussen.

Der aktive Zuschauer

Ein in der Kultivierungsforschung häufig diskutiertes Konzept ist das Involvement, welches in der Forschung verschieden aufgefasst wird. Im Rahmen von Kultivierung erscheint es sinnvoll, zwischen drei verschiedenen Formen von Involvement zu unterscheiden. Um den Zusammenhang zwischen Kultivierungsurteilen während der Befragungssituation und Involvement zu testen, wurde in Laborexperi-

Involvement

menten häufig auf ein sogenanntes *Task-Involvement* zurückgegrif-
fen, da dieses einfacher für den Forscher zu manipulieren ist, als das
Themeninvolvement. Beispielsweise wurde eine Gruppe von Probanden dazu aufgefordert, intensiv über ihre Antwort (in diesem Falle
auf Kultivierungsfragen) nachzudenken, während eine andere möglichst spontan antworten sollte (Shrum, 2001). Diese Form von Involvement wird hauptsächlich genutzt, um den Zusammenhang zwischen Involvement und Kultivierungsurteilen während einer Befragungssituation zu testen (siehe Kapitel 2.3). Involvement, das sich
während des Sehens auswirkt, wird im Folgenden diskutiert.

Bereits in den ersten Überlegungen zu Prozessmodellen in der Kultivierung spielte Involvement eine zentrale Rolle (siehe Kapitel 1.4).
Dabei wurde zunächst die persönliche Relevanz oder Wichtigkeit eines Themas für den Rezipienten (sogenanntes *Themeninvolvement*,
siehe Donnerstag, 1996) diskutiert. Theoretisch könnte ein hohes
Themeninvolvement der Fernsehzuschauer zu zwei verschiedenen
Wirkmechanismen führen. Zum einen könnte es dazu führen, dass
die Fernsehbotschaft besonders kritisch betrachtet wird, was zu weniger Kultivierung führt. Zum anderen könnte genau diese verstärkte
Aufmerksamkeit während des Sehens zu einer stärkeren Kultivierung
führen (Rubin, 1993). Befunde von Lücke (2007) deuten in die Richtung, dass Themeninvolvement Kultivierung zweiter Ordnung verstärkt. Der konkrete Zusammenhang zwischen Themeninvolvement
und Kultivierung wurde jedoch selten getestet. Weitaus häufiger wurde im Zusammenhang von Mainstreaming und Resonanz persönliche
Erfahrung getestet (siehe Kapitel 4.3.1). Ähnlich wie im Bereich persönliche Erfahrung erscheint in Bezug auf Involvement nicht nur relevant, ob Involvement vorliegt, sondern wie Involvement und die Darstellung im Fernsehen zusammenspielen.

Entscheidend ist, dass Involvement höchstwahrscheinlich zu einer
stärkeren Bewertung während des Sehens führt. Damit in Zusammenhang steht ein drittes Verständnis von Involvement: die Aufmerksamkeit und emotionale Beteiligung während der Rezeption (sogenanntes *prozessuales Involvement*, siehe den Band von Hofer,
2016 in dieser Reihe). Der bereits oben beschriebene Prozess von
Transportation, also das Richten der vollen Aufmerksamkeit auf die
Fernsehbotschaft und ein „hineingesogen werden" in die Erzählung,
kann an dieser Stelle mit dem prozessualen Involvement gleichgesetzt
werden. Im Folgenden werden Faktoren beschrieben, die vor allem
mit prozessualem Involvement in Zusammenhang stehen.

Bilandzic (2006) argumentiert, dass es Fernsehinhalte gibt, die dem Zuschauer thematisch nah oder fern sein können. Beispielsweise ist ein Richter häufig mit Kriminalität und Gewalt konfrontiert und mag dieses Thema für seine Lebenswelt als nah empfinden. Für jemanden, der einen anderen Beruf ausübt, ist Kriminalität und Gewalt ein fernes Thema. Das Konzept von Nähe und Distanz wird hier nicht rein geographisch definiert, sondern auch von den Interessen des Zuschauers beeinflusst. Bilandzic (2006) unterscheidet zwischen zwei verschiedenen Formen von thematischer Nähe. Solche, die auf direkter, persönlicher Erfahrung beruht und solche, die durch Medienkonsum entsteht (wobei beide Formen dem oben beschriebenen Themeninvolvement sehr nah kommen). Letztere beruht auf dem oben beschriebenen Prozess der Transportation während des Sehens. Der Zuschauer wird in die Erzählung hineingesogen und fühlt sich so „nah" an der Geschichte. Persönliche Erfahrung kann dazu führen, dass eine Fernsehdarstellung während des Sehens mit der eigenen Erfahrung abgeglichen und somit auch kritisch bewertet wird (Onlinverarbeitung). In einem solchen Fall ist weniger Kultivierung zu erwarten. Thematische Nähe durch Transportation hingegen verhindert eine solche kritische Verarbeitung, was zu stärkerer Kultivierung führen sollte. Eine zusätzliche Erklärung zu den unterschiedlichen Befunden der oben beschriebenen genrespezifischen Kultivierung könnte also auch darin liegen, dass die Genres eine unterschiedliche thematische Nähe zum Rezipienten aufweisen. Beispielsweise zeigen Soaps oftmals sehr alltagsnahe Thematiken, während Kriminalfilme für die meisten Rezipienten eher alltagsferne Lebensbereiche abbilden.

Thematische Nähe

In sehr ähnlicher Weise wird der vom Zuschauer empfundene Realitätsgrad der Fernsehbotschaft diskutiert (Busselle, Ryabovolova & Wilson, 2004). Manche Zuschauer empfinden bestimmte Fernsehinhalte als realistisch, die andere als vollkommen unrealistisch ansehen. Ein Grund dafür kann die oben beschriebene persönliche Erfahrung sein. Ein Kriminalkommissar mag beispielsweise die Darstellung der Geschehnisse im „Tatort" als fernab seiner Arbeitsrealität empfinden, während die Sendung jemandem ohne persönliche Erfahrung in diesem Bereich als realitätsnah erscheint. Potter (1986) zeigt, dass ein höherer empfundener Realitätsgrad von Krimisendungen auch mit einer höheren Angst einhergeht. Der empfundene Realitätsgrad sollte dabei nicht als eindimensionales Konstrukt verstanden werden. Vielmehr scheinen verschiedene Komponenten (wie z.B. Plausibilität oder Konsistenz in der Erzählung) dazu zu führen, dass Fernsehbotschaften als realistisch empfunden werden (Busselle & Greenberg, 2009). Einigkeit, wie viele verschiedene Dimensionen unterschieden werden

Empfundener Realitätsgrad

sollten, herrscht in der Forschung nicht. Im Kontext von Kultivierung plädieren Busselle und Kollegen (2004) dafür, dass der empfundene Realitätsgrad des Zuschauers solange besteht, bis Fehler oder Unstimmigkeiten in der erzählten Geschichte entdeckt werden. Wenn keine Unstimmigkeiten entdeckt werden, sind die Voraussetzungen für die oben beschriebene Transportation gegeben.

Fallbeispiele

Stellen Sie sich vor, Sie sehen eine Fernsehsendung, die das Leben einer Gruppe Studierender auf dem Campus in den Mittelpunkt rückt. Dabei fällt Ihnen auf, dass die Bibliotheken üppig ausgestattet sind, die Professoren immer Zeit für ihre Studierenden und die Mensen jederzeit leckere, reichhaltige Speisen anbieten. Dies vergleichen Sie mit Ihren eigenen Erinnerungen, denen Sie vermutlich mehr glauben, als den Fernsehdarstellungen. Sofort bewerten Sie die Fernsehsendung kritisch. In einem solchen Fall ist nicht zu erwarten, dass Sie die Fernsehdarstellung (z.B. die Hierarchien und Machtverhältnisse oder den Anteil von Minderheiten unter den Studieren-

den und Professoren) in Ihre eigene soziale Realität übernehmen – Kultivierung wird vermindert oder findet nicht statt.

Wenn die Darstellung für Sie hingegen fesselnd ist (weil Sie sich beispielsweise mit der Problematik, das Thema einer Hausarbeit intensiv zu recherchieren oder im Studierendenleben die richtigen Prioritäten setzen zu müssen, auskennen und daran anknüpfen können) und sie regelrecht in die Geschichte hineingesogen werden (Transportation), lassen Sie sich von der Erzählung tragen. Eine kritische Reflexion des Dargestellten findet nicht statt. In einem solchen Fall ist (starke) Kultivierung zu erwarten.

Identifikation

Sofern ein Zuschauer in die Fernsehdarstellung hineingesogen wird, lässt er seine eigenen Erfahrungen und Perspektiven hinter sich und nimmt stattdessen die Perspektive der dargestellten Charaktere an. Solch ein Einfühlen in Protagonisten wird auch als Identifikation bezeichnet. Dieser Prozess findet vor allem dann statt, wenn die Fernsehcharaktere dem Rezipienten ähnlich sind (Cohen, 2001). Identifikation führt dazu, dass Inhalte besser aufgenommen und erinnert werden können, was nahelegt, dass Identifikation auch im Kultivierungsprozess eine Rolle spielt. Sowohl Morgan (1983) als auch Rossmann und Brosius (2005) konnten zeigen, dass Kultivierungseffekte stärker für diejenigen ausfallen, die Ähnlichkeit mit den Protagonisten der Fernsehsendungen aufweisen. Allerdings wurden diese Ähnlichkeiten im Nachhinein anhand soziodemografischer Variablen bestimmt und nicht direkt erhoben. Somit konnte der Einfluss von Identifikation auf Kultivierung nur vermutet, nicht aber tatsächlich getestet werden. Zukünftige Untersuchungen in diesem Bereich erscheinen lohnenswert.

Von der Identifikation abzugrenzen sind parasoziale Beziehungen und parasoziale Interaktion mit Fernsehcharakteren (siehe dazu den Band von Hartmann, 2017 in dieser Reihe). Unter parasozialer Interaktion versteht man die Illusion einer Interaktion mit dem Fernsehcharakter, die einer Begegnung im echten Leben ähnelt. Eine Illusion ist es deswegen, weil der Zuschauer zwar auf den Fernsehcharakter (die sogenannte „Persona") reagieren kann, eine wechselseitige Interaktion jedoch nicht möglich ist. Aus den parasozialen Interaktionen während des Rezeptionsprozesses entwickeln sich dann im Laufe der Zeit parasoziale Beziehungen. Kim und Rubin (1997) fanden, dass selektive Zuwendung zu Fernsehinhalten, Aufmerksamkeit und Involvement sowohl parasoziale Interaktion als auch Kultivierung verstärken. Das Zusammenspiel von Kultivierung und parasozialer Interaktion wurde in dieser Studie dagegen nicht untersucht. Bis heute gibt es kaum Studien, die den konkreten Zusammenhang von parasozialer Interaktion und Kultivierung untersuchen. Eine Studie von Carveth und Alexander (1985) deutet darauf hin, dass vor allem niedrige parasoziale Beziehungen zu Kultivierung führen. Zu konträren Befunden kommt Rossmann in einer Studie mit Jugendlichen, die eher stärkere Kultivierung für diejenigen mit hohen parasozialen Beziehungen findet (Rossmann, 2008, 189f.). Insgesamt zeigen sich in beiden Studien aber nur schwache Einflüsse.

PSB und PSI

5. Kritik, aktuelle Entwicklungen und Herausforderungen der Kultivierungsforschung

Die Kultivierungsforschung war bereits früh zahlreicher Kritik ausgesetzt (siehe Kapitel 2.1). Grundständige Kritik, wie z.b. die unzureichende Einteilung in Viel- und Wenigseher kann heute als gelöst gelten. Andere Kritik erscheint fundamentaler. Vor allem theoretische Perspektivwechsel und die damit einhergehende Veränderung von Grundannahmen der Kultivierung und methodischen Vorgehensweisen haben für Diskussionen gesorgt. Diese sollen im ersten Kapitel aufgezeigt werden. Das zweite Kapitel widmet sich den Herausforderungen der Kultivierungsforschung im Zeitalter sinkender Nutzungszahlen linearen Fernsehens und dem Vormarsch von Streamingdienstleistern.

5.1 Bedeutung des Wechsels von Makro- auf die Mikroperspektive für die Kultivierungsforschung

Wie bereits in Kapitel 2 angeklungen, hat die Kultivierungsforschung in den 1990er-Jahren einen Perspektivwechsel vollzogen. Wurden bis dato noch hauptsächlich soziologisch geprägte Studien durchgeführt, die den gesamtgesellschaftlichen Prozess der Wirkung von Fernsehproduktionen auf das Publikum untersuchten, setzten Forscher aus der psychologischen Perspektive eher am Rezipient an sich an. Klassische Kultivierungsforscher kritisierten diese neue Perspektive, bzw. erkannten sie nicht als Kultivierungsstudien an.

Ausdifferenzierung des Ansatzes

Für Gerbner war es zentral, die (Gesamtheit der) dominanten Medienbotschaften zu erfassen. Von diesen Botschaften ausgehend konstruierte er die Kultivierungsindikatoren, die er in Befragungen einsetzte. Gerbner war weder daran interessiert, welche (kurzfristigen) Effekte von einer bestimmten Medienbotschaft ausgingen, noch daran, wie Menschen Medienbotschaften verarbeiten. Aus mikroperspektivischer Forschung ist die gesamtgesellschaftliche Wirkung, (und somit auch der Einfluss der Produktionsinstanzen) hingegen nachgelagert. Auch die Fernsehbotschaften an sich spielen nur eine sekundäre Rolle. Daher werden Inhaltsanalysen in psychologischen Kultivierungsstudien nicht durchgeführt. Meistens wird lediglich die Fernsehnutzung erfasst und als erklärende Variable in die Analyse aufgenommen, um den Mechanismus hinter Kultivierung zu erklären. Im Fokus steht, warum und unter welchen Umständen Kultivierung auftritt. Die Wirkung und kognitive Verarbeitung von Medienbotschaften wird mit dem Fokus auf den einzelnen Rezipienten betrachtet. So konnte zum Beispiel gezeigt werden, dass Vielseher schnellere Häufigkeitseinschätzungen (Kultivierung erster Ordnung) vornehmen konnten, als Wenigseher (Shrum & O'Guinn, 1993; Shrum, 1996). Dies unterstützt die Annahme, dass die kognitive Verfügbarkeit von „Fernsehbeispielen" bei Vielsehern stärker gegeben ist. In experimentellen Studien wurde systematisch gezeigt, dass Kultivierungsurteile erster Ordnung anderen psychologischen Prozessen unterliegen, als Kultivierungsurteile zweiter Ordnung (siehe Kapitel 2.3). Der jüngste Forschungsstrang der Kultivierungsforschung argumentiert aus der Perspektive der narrativen Persuasion. Hier werden die narrativen Elemente der Geschichte in den Vordergrund gerückt (Bilandzic & Busselle, 2008b). Sobald der Zuschauer in die Geschichte hineingesogen wird (sogenannte Transportation, siehe Kapitel 4.3), wird er anfällig für Kultivierung, weil alle kognitiven Ressourcen auf die Geschichte fokussiert sind. Gerbner selbst würde der Fokus auf die narrativen „story telling" Elemente vermutlich zusagen, da auch sein Zugang zu Kultivierung an den Geschichten ansetzt, die Menschen sich erzählen (siehe Kapitel 2). Trotzdem würde er solche Studien nicht als Kultivierungsstudien bezeichnen, da dieser Forschungsstrang vor allem an der Wirkung ansetzt und die soziologisch geprägte gesamtgesellschaftliche Perspektive auf Institutionen, Botschaften und Rezipient in den Hintergrund rückt.

Dieser Perspektivwechsel führte auch zu einer Weiterentwicklung der Untersuchungsmethodik. Neben Gerbners ursprünglichem Ansatz der Inhaltsanalyse und nachfolgenden Befragung haben im Zuge der psychologischen Erforschung von Kultivierung vor allem laborexperimentelle Designs Anwendung gefunden (siehe Kapitel 3). Durch die Ausdifferenzierung verschiedener Genres wurden zudem neben der Gesamtfernsehnutzung auch einzelne Genres und teilweise einzelne Sendungen als erklärende Faktoren aufgenommen (siehe Kapitel 4.1). Diese theoretische und methodische Vielfalt birgt Gefahren. Viele Studien, die auf (irgendeinen) Zusammenhang zwischen Fernsehnutzung und Realitätseinschätzungen abzielen, werden unter dem Deckmantel der Kultivierung geführt. Potter (2014) merkt zudem kritisch an, dass viele Kultivierungsstudien oft umgekehrt zu Gerbners ursprünglicher Analyselogik vorgehen. Gerbner analysierte zunächst Fernsehbotschaften und leitete aus diesen Kultivierungsindikatoren ab, anhand derer die Wirkung der Botschaften in der Bevölkerung getestet werden kann. Heutzutage werden dagegen häufig zuerst verschiedene Kultivierungsindikatoren erschaffen und danach erst getestet, welcher dieser Indikatoren am stärksten mit Fernsehnutzung korreliert. Davon ausgehend wird im letzten Schritt auf die Fernsehbotschaften rückgeschlossen, anstatt sie zu analysieren. Dies führt zu

Mangelnde Trennschärfe

mangelnder Trennschärfe zu anderen Ansätzen der Medienwirkungsforschung (beispielsweise Persuasionsforschung). Elihu Katz, einer
der weltweit angesehensten Kommunikationswissenschaftler, erklärte
unlängst sogar, es wäre an der Zeit, dass das Konzept Kultivierung in
Rente ginge (Katz & Fialkoff, 2017). Seine Kritik (wie beispielsweise
fehlende Trennschärfe zu anderen Konzepten und eine zu große
Machtattribution an die Medien) lässt sich jedoch auch als provoka-
tive Aufforderung verstehen, insgesamt „sorgsamer" mit dem Ansatz
umzugehen. Ein Lösungsansatz, der jedwede Studie außerhalb der
Gerbnerschen Forschungslogik aus der Kultivierung verbannt, erscheint dabei wenig fruchtbar. Schließlich sind es gerade experimentelle Studien, die Aufschluss über die zentralen Mechanismen hinter
der Kultivierung geliefert haben. Andererseits gilt es, Pauschalisierun-
gen zu vermeiden.

Anforderungen an makroperspektivische Studien

Wie Kultivierung tatsächlich sinnvoll abgrenzbar ist, lässt sich nicht
ohne die jeweilige Forschungsfrage beantworten. Für diejenigen Studien, die im Sinne Gerbners eine Aussage auf gesellschaftlicher Ebene
treffen wollen, empfiehlt sich entweder im ersten Schritt, eine Inhaltsanalyse durchzuführen oder aber, sich auf bestehende Inhaltsanalysen
zu beziehen (Potter, 2014). Kultivierungsindikatoren sollten mit den
inhaltlichen Botschaften sinnvoll verknüpft werden. Sofern genre-
oder sendungsspezifische Kultivierung untersucht wird, ist es immer
auch ratsam, Gesamtfernsehnutzung mit zu erfassen. Nur so lässt
sich aussagen, ob die Befunde auf die Nutzung eines bestimmten
Genres, einer Sendung oder auf die Gesamtfernsehnutzung zurückzuführen sind. Vor allem bei der Untersuchung nur einer Sendung sollten Forscher reflektieren, inwiefern die Befunde auch auf andere Sendungen und Formate übertragbar sind.

Anforderungen an mikroperspektivische Studien

Studien, die daran ansetzen, Kultivierung aus der mikroperspektivischen Forschung mit Fokus auf den Rezipienten anstatt auf den gesamtgesellschaftlichen Effekt zu untersuchen, müssen solchen Anforderungen allerdings nicht genügen. Hier geht es vor allem darum,
wie Rezipienten Botschaften aufnehmen, verarbeiten und interpretie-
ren. Interindividuelle Unterschiede in diesen Prozessen geben Aufschluss über die Mechanismen, die Kultivierung zugrunde liegen.
Forschungsansätze dieser Perspektive sollten immer erklären, welches
Erklärungspotenzial sie für Kultivierungsforschung liefern. Beispielsweise war die Arbeit von Shrum (2004) maßgeblich für das Verständnis der Unterschiede von Kultivierung erster und zweiter Ordnung. Gleichzeitig konnten beispielsweise Bildanzic und Busselle
(2008b) zeigen, dass Modelle aus der narrativen Persuasion auch für

die Erklärung von Kultivierung fruchtbar gemacht werden können. Um solche Studien sinnvoll in den Kultivierungsansatz integrieren zu können, sollten Anknüpfungspunkte von vornherein forschungsleitend sein und nicht im Nachhinein konstruiert werden, lediglich, weil die erklärende Variable Fernsehnutzung ist.

5.2 Kultivierungsforschung im Zeitalter des Internets

Kultivierung ist ein Ansatz, der hauptsächlich im Zusammenhang mit Fernsehnutzung untersucht wurde. In den letzten Jahren sind die Zuschauerzahlen des linearen Fernsehens gesunken. Gleichzeitig gewinnen Streamingdienste beständig an Nutzern (Kupferschmitt, 2017). Dieser Abschnitt soll einen Überblick darüber geben, welche Fragen sich mit dem Aufkommen von neuen Anbietern fiktionaler Fernsehbotschaften für die Kultivierungsforschung stellen.

5.2.1 Streamingplattformen als neue Produzenten

Online On-Demand-Streamingplattformen wie Hulu, Amazon Prime und Netflix haben sich in den vergangenen Jahren nicht nur als Anbieter, sondern mit großem Erfolg auch als Produzenten von Serien und Filmen getätigt. Teilweise werden diese Filme direkt über die Plattformen vertrieben und umgehen damit den früher typischen Vertriebsweg über das Kino. Insofern stellen diese Plattformen neue, gewichtige und globale Produzenten von Fernsehbotschaften dar, die weitestgehend unabhängig von den althergebrachten Produktions- und Vertriebsbedingungen agieren. Für die in der Kultivierungsforschung vernachlässigte „Institutional process analysis" ergeben sich hier neue Möglichkeiten. Streamingdienste unterliegen anderen ökonomischen Dynamiken als Film- und Fernsehanstalten. Der wirtschaftliche Erfolg der Plattform ergibt sich aus den zahlenden Abonnenten, nicht aus dem werberelevanten Quotenerfolg einzelner Ausstrahlungen. Inwiefern sich diese Unterschiede zu anderen Medieninstitutionen auf die Produktion von Botschaften auswirken und wie organisatorische Machtstrukturen diese Botschaften prägen, wäre ein vielversprechendes Forschungsfeld der zukünftigen Kultivierungsforschung.

Streamingplattformen als neue Produzenten

Produktionsentscheidungen für zukünftige Formate basieren für Streamingplattformen hauptsächlich auf den erhobenen Nutzungsdaten. Zwar waren Einschaltquoten bereits für frühere Fernsehausstrahlungen verfügbar, jedoch stehen heute deutlich mehr Daten zur Verfügung. Üblicherweise werden diese Nutzungsdaten allerdings aus marktlogischen Gründen von den Produzenten fest unter Verschluss gehalten und der Forschung nicht zur Verfügung gestellt. Über Nut-

Nutzungsdaten

zungsdaten kann eingesehen werden, wie schnell eine bestimmte Serie zu Ende geschaut wurde. Sie geben auch Aufschluss darüber, welche Narrationsstränge, Genreelemente, Regisseure oder Schauspieler das Publikum in der Vergangenheit angezogen haben. Dies kann als Entscheidungsgrundlage für zukünftige Produktionen dienen, die gezielt bestimmte Nutzergruppen ansprechen. Damit sind Film- und Serienschaffende nicht mehr auf die Gruppierung der üblichen Quotenlogik (wie Alter, Geschlecht oder Einkommen) angewiesen, sondern können das Publikum nach Geschmack gruppieren. Aus dieser Logik sind Produktionen, die verschiedene Genres in sich vereinen, in Zukunft sehr wahrscheinlich, da sie ein breiteres Publikum ansprechen.

Neue Botschaften?

Aus der Perspektive der message system analysis wäre zu untersuchen, ob sich die von Streaminganbietern produzierten Botschaften von klassischen Fernsehbotschaften unterscheiden. Oftmals fallen solche Produktionen unter das Format des sogenannten Quality-TV (für einen Überblick siehe Schlütz, 2016).

Begriffe

Quality-TV

Serielles, fiktionales Quality-TV ist strukturell hoch komplex. Die Komplexität ergibt sich aus der flexiblen Narrationsstruktur, dem großen Ensemble, den zahlreichen Leerstellen im Text sowie der intertextuellen Vernetzung. Inhaltlich zeichnen sich Qualitätsserien durch realistische Machart, kontroverse Themen und vielschichtige Charaktere, kurz durch Authentizität aus (Schlütz, 2016, S. 127).

Diese Eigenproduktionen sind häufig (aber nicht immer) seriell angelegt. Sie sind äußerst hochwertig produziert und bilden vielschichtig konstruierte Charaktere in komplexen Handlungssträngen ab. Es stellt sich die Frage, ob von solchen qualitativ hochwertigen Serienformaten auch andere Kultivierungseffekte ausgehen. Gerbner und sein Team gingen ursprünglich davon aus, dass Fernsehen angstauslösende Botschaften sendet. Das wiederum schürt im Publikum den Wunsch nach Sicherheit suggerierenden, konservativen politischen Maßnahmen. Schlütz (2016) identifiziert für Quality-TV vor allem Themen, die kritisch sind und bestehende gesellschaftliche Zustände oder Werthaltungen hinterfragen. Möglicherweise geht von solchen Botschaften nicht die Zementierung des Status quo, sondern im Gegenteil das Hinterfragen der aktuellen gesellschaftlichen Zustände aus. Damit stünde eine der Grundannahmen Gerbners vor einem radikalen Umbruch. Ob und inwieweit das zutrifft, muss zukünftige Kultivierungsforschung zeigen.

Mithilfe von Streamingplattformen werden immer mehr nationale (Serien-)Produktionen einem internationalen Publikum zur Verfügung gestellt. Obwohl der Markt immer noch von US-Produktionen dominiert wird, sind in den letzten Jahren beispielsweise von Netflix Serien in Lateinamerika, Asien und Europa produziert worden. Anders als früher werden die Inhalte zeitgleich international geschaltet. Unter diesen Umständen kann die Wirkung von national produzierten Fernsehbotschaften auf das eigene und auf ein kulturell entferntes Publikum getestet werden. Aus Perspektive der interkulturellen Kultivierungsforschung ist dies interessant, da dieser Forschungsansatz bis heute weitestgehend vernachlässigt wurde.

Interkulturelle Kultivierung

Im Zuge des Ausbaus setzen Streamingdienste zunehmend auf Algorithmen. Diese schlagen Nutzern automatisiert basierend auf vorherigen Nutzungsmustern bestimmte Sendungen vor, die zu ihren Vorlieben passen. Die komplexen Verfahren gehen weit über ursprüngliche Genreeinteilungen hinaus. Beispielsweise werden bei Netflix Klassifizierungen der Filme und Serien zunächst von Fachleuten vorgenommen. Zudem werden die Häufigkeit und Intensität der bisherigen Nutzung einzelner Inhalte berücksichtigt. Der Algorithmus bestimmt schließlich die Gewichtung der einzelnen Faktoren. So lassen sich Nutzergruppen zusammenstellen, die ähnliche Vorlieben für bestimmte Inhalte haben (Netflix Medien-Center, 2017). Vorgeschlagene Empfehlungen tragen Titel wie „TV-Marathon-würdige Thriller" oder „Serien mit starker weiblicher Hauptfigur". Einer solchen Kategorisierung wird die bisherige genrespezifischer Kultivierungsforschung nicht gerecht. Viel mehr sind es bestimmte Narrationsstränge oder Kombinationen aus Narrationssträngen, die diesen Kategorisierungen zugrunde liegen. Diese kommen denen in der früheren Kultivierungsforschung angesprochenen Metabotschaften vermutlich nahe.

Algorithmen

Algorithmen sorgen also dafür, dass die Auswahl an Fernsehproduktionen personalisiert geleitet wird und zu den Bedürfnissen der Nutzer passt. Entsprechend haben Nutzer heute also nicht nur deutlich mehr Auswahl als zu Gerbners Zeiten, sondern die vorgeschlagenen Sendungen orientieren sich auch stark an der vergangenen Nutzung. Entsprechend könnte man aus der Perspektive der Kultivierungsforschung argumentieren, dass anders als früher nicht mehr alle Nutzer gleichmäßig kultiviert werden. An dieser Stelle begegnen wir einer alten Frage in neuem Gewand: Bereits mit dem Aufkommen genrespezifischer Kultivierungsforschung wurde argumentiert, dass Selektion dazu führt, dass die Nutzung verschiedener Genres auch unterschied-

Konsequenzen für die Selektion

lich kultiviert (siehe Kapitel 4.1). Tatsächlich kommt es bei dieser Frage immer auf die Abstraktionsebene der kultivierenden Botschaften an. Natürlich kann man argumentieren, dass Comedyserien andere Botschaften aussenden als Krimiserien. Es ist allerdings genauso denkbar, dass Streaminganbieter übergreifende Botschaften produzieren, die über alle Genres hinweg gleichmäßig kultivieren. In Anbetracht der Tatsache, dass gerade Quality-TV als Metagenre diskutiert wird, das viele andere Genres in sich vereint, scheint Letzteres gar nicht unwahrscheinlich. Um diese Frage beantworten zu können, müssen noch mehr Inhaltsanalysen neuerer Serienformate vorliegen. Festhalten lässt sich, dass Nutzer heute die Chance haben, ständig neue Formate zu rezipieren, die ihnen vermutlich bedingt durch die automatisierte Vorauswahl auch zusagen. Da Kultivierung von einem langfristigen, kumulativen Ansatz ausgeht, spricht dies eher für stärkere Kultivierung in der Zukunft.

5.2.2 Perspektiven der zukünftigen Kultivierungsforschung

Um die Frage zu beantworten, ob Kultivierung im Zeitalter des Internets noch Bestand hat, sollen an dieser Stelle noch einmal die forschungsleitenden Perspektiven aufgegriffen und vor den aktuellen Entwicklungen diskutiert werden.

Soziologische Perspektive   Beginnen wir mit Gerbners Grundaussagen. Er ging davon aus, dass Fernsehen durch bewegte Bilder besonders realitätsnahe Inhalte vermittelt und Fernsehen wegen seiner hohen zeitlichen Inanspruchnahme und Verbreitung eine Sonderrolle in der Gesellschaft einnimmt. Während Wenigseher ihre Informationen aus verschiedenen Quellen beziehen, ist das Fernsehen für Vielseher die dominierende Informationsgrundlage. Durch die nonselektive Nutzung werden sie somit immer wieder den gleichen Botschaften ausgesetzt, was schließlich zu einem Weltbild führt, das eher der Fernsehrealität als der Realität gleicht (Gerbner & Gross, 1976). Vor allem die Annahme der nonselektiven Nutzung kann nicht mehr gehalten werden. Wie im vorherigen Kapitel beschrieben, können Nutzer heute hochselektiv Fernsehproduktionen aussuchen. Alle anderen Annahmen sind hingegen auch heute noch gültig. Fernsehen vermittelt nach wie vor realitätsnahe Inhalte. Es ist gesellschaftlich verbreitet und (durch das Internet) jederzeit und überall abrufbar. Im Jahr 2017 sah der durchschnittliche Deutsche über dreieinhalb Stunden täglich fern (AGF). Rund 38 Millionen Deutsche haben Zugriff auf Streamingdienste (Turecek & Roters, 2018), mit einer weiterhin steigenden Tendenz. Eine hohe zeitliche Inanspruchnahme findet also weiterhin statt.

Eine weitere Perspektive ist die der kognitiven Psychologie. Vor allem das Werk von Shrum (Shrum, 1996, 2001, 2004) hat gezeigt, dass Kultivierung erster und zweiter Ordnung unterschiedlichen Prozessstrategien unterliegt. Dies hat nicht nur maßgeblich zum Verständnis der unterschiedlichen Kultivierungsarten beigetragen, sondern ist höchstwahrscheinlich ein Effekt mit universeller Gültigkeit. Diese Weiterentwicklung wird aber auch im Zusammenhang mit dem oben beschriebenen Quality-TV eine Rolle spielen. Qualitätsserien zeichnen sich durch eine hohe Komplexität an Handlungssträngen, reichhaltige Stories und komplexe Beziehungsgeflechte aus (Schlütz, 2016, S. 127). Vermutlich werden sie also eher mit gesteigerter Involviertheit gesehen – allein schon deswegen, weil man bei Nebenbeinutzung und geringer Aufmerksamkeit das Geschehen nicht mehr nachvollziehen kann. Eine solche Verarbeitungsmotivation sollte sich vor allem auf Kultivierung zweiter Ordnung auswirken (siehe Kapitel 2.3), also vor allem Einstellungen und Werte beeinflussen. Auch aus dieser Perspektive gibt es für die zukünftige Kultivierungsforschung Potenzial.

Kognitive Prozesse

Die letzte forschungsleitende Perspektive für die Kultivierung stammt aus der narrativen Persuasion. Grundständig wird davon ausgegangen, dass Kultivierung dann verstärkt wird, wenn Zuschauer in eine Fernsehsendung transportiert werden. Dann werden sie vollständig in die Geschichte hineingesogen, Unstimmigkeiten und Fehler werden seltener oder nicht mehr entdeckt und die Geschichte kann größere Wirkung entfalten (Bilandzic & Busselle, 2008a; Busselle et al., 2004). Wenn Zuschauer in eine Sendung hineingesogen werden, werden sie vor allem einzelne Folgen von Serienformaten häufiger und schneller rezipieren (Binge-Watching). Dies wiederum bewirkt, dass ähnliche Formate in der Zukunft automatisiert vorgeschlagen werden. Die kumulative Wirkung der Fernsehbotschaften sollte sich also im Zusammenspiel von Nutzung und Anbieter gerade bei Quality-TV-Inhalten verstärken. Generell wird durch Streaminganbieter die Ausgestaltung von Medieninhalten stärker an den Bedürfnissen der Nutzer orientiert. Alle Motive des Rezipienten oder Aspekte während der Mediennutzung, die zu einer weiteren Nutzung in der Zukunft führen, verstärken den Vorschlag ähnlicher Formate – und damit Kultivierung. Die in Kapitel 4 aufgezeigten intervenierenden Wirkungen (beispielsweise von parasozialen Beziehungen und Identifikation) werden vermutlich gerade mit der Rezeption von Serienformaten für die Kultivierungsforschung in Zukunft eher gewichtiger.

Narrative Implikationen

Alle drei Perspektiven sprechen also dafür, dass Kultivierung auch in der Zukunft noch eine Rolle spielen wird. Kultivierungsforschung ist unweigerlich mit dem Medium Fernsehen verknüpft. Sinkende Publikumszahlen für das lineare Fernsehen bedeuten jedoch nicht, dass Kultivierung an Bedeutung verliert. Noch immer werden bewegte Bilder angeschaut, auf fest installierten Fernsehgeräten genauso wie auf mobilen Endgeräten. Die Frage, ob neue technische Möglichkeiten zu einer veränderten Nutzung und Wirkung von Fernsehbotschaften führen, ist in der Kultivierungsforschung nicht neu. Eine Erweiterung der Kanäle und Trägermedien hat in der Geschichte des Fernsehens häufig stattgefunden. Obwohl die Möglichkeiten für Nutzer beständig erweitert wurden, sich selektiv mit Fernsehbotschaften auseinanderzusetzen, gibt es kein Indiz dafür, dass Kultivierung abgenommen hat. Grundsätzlich haben Fernsehzuschauer heute mehr denn je die Gelegenheit, sich in der „Fernsehrealität" zu bewegen. Solange Menschen sich regelmäßig den Botschaften des Fernsehens aussetzen, solange lohnt es sich, die Wirkung dieser Botschaften zu untersuchen.

6. Verwandte und anknüpfende Ansätze

In diesem Kapitel werden Ansätze behandelt, die der Kultivierung ähnlich sind, bzw. Anknüpfungspunkte an oder Integrationspotenzial in Kultivierung liefern. Zunächst wird ein Ansatz der Mediennutzungsforschung dargestellt. Vor allem im Zusammenhang mit der Uses-and-Gratifications-Forschung wurde sich um die Integration der Kultivierung bemüht. Die danach dargestellten Ansätze aus der Medienwirkungsforschung sollten (zumindest zum jetzigen Zeitpunkt) eher als Anknüpfungen oder Ergänzungen zur Kultivierung gesehen werden. Zuletzt wird die Theory of Planned Behavior diskutiert, um Kultivierung nachgelagertes Verhalten zu erklären.

6.1 Uses and Gratifications

Der Uses-and-Gratifications-Ansatz (im deutschen auch Nutzen- und Belohnungsansatz genannt) ist ein Modell der Mediennutzungsforschung. Er geht auf Katz und Foulkes (1962) zurück. Die Forscher thematisierten beginnend in den 1960er-Jahren erstmalig nicht die Medienwirkung, sondern die Bedürfnisse des Publikums (oft zusammengefasst unter der Frage: Nicht, was machen die Medien mit den Menschen – sondern, was machen die Menschen mit den Medien?). Weniger in Abgrenzung als in Ergänzung der damaligen Medienwirkungsforschung wurde die aktive Rolle des Rezipienten in der Medienselektion in den Mittelpunkt gerückt. Die Nutzung eines bestimmten Medienangebots orientiert sich demnach aktiv und zielgerichtet an erwarteten Gratifikationen (Gratifications sought). Solche Gratifikationen können beispielsweise Informations- oder Unterhaltungsbedürfnis sein. Es werden also bewusst bestimmte Medieninhalte selektiert und andere vernachlässigt. Im Laufe der Zeit lernt der Rezipient auch, von welchen Inhalten er diese Gratifikationen erhält (Gratifications obtained) und wendet sich solchen Inhalten verstärkt in der Zukunft zu.

Dieser Gedanke wird in der Kultivierungsforschung vor allem im Kontext von genrespezifischer Kultivierung betont (siehe Kapitel 4.1). Gerbners Annahme der allübergreifenden, homogenen Fernsehbotschaften, die nonselektiv gesehen werden, wird mit dieser Forschungsausrichtung infrage gestellt. Stattdessen wird aktive Selektion des Zuschauers von bestimmten Sendungen oder Genres vermutet. Bilandzic und Rössler (2004) schlagen im Zuge von genrespezifischer Erforschung von Kultivierung ein Modell vor, das den Uses-and-Gratifications-Ansatz und den Kultivierungsansatz vereint (siehe Abbildung 5).

Genrespezifische Kultivierung

Im ersten Schritt sucht der Rezipient bestimmte Gratifikationen. Dabei wendet er sich gezielt einem bestimmten Inhalt (einem Genre bzw. einer Auswahl an Genres, die bestimmte Narrationen vereinen, nach Rössler und Bilandzic (2004) eine Meta-Einheit) zu. Im Zuge der Rezeption erhält der Zuschauer die gesuchten Gratifikationen. Die gesuchten (und gefundenen) Gratifikationen können sich im Laufe des Sehens verändern und sollten daher als dynamischer Prozess angesehen werden. Die Autoren gehen auch davon aus, dass wiederholte Zuwendung auf der Suche nach bestimmten Gratifikationen zu Gewohnheiten führt, die wiederum in bestimmten Mediennutzungsmustern resultieren können. Dieser gratifikationale Kontext bestimmt mit, welcher Teil der Fernsehwelt gesehen wird. Aus der Fernsehdarstellung werden Vorstellungen über die reale Welt geschlossen. In diese Vorstellungen und Einstellungen fließen jedoch auch andere Quellen ein, wie die direkte Erfahrung des Rezipienten und die indirekte Erfahrung, die entweder durch interpersonale Kommunikation oder durch zusätzliche Mediennutzung außerhalb der Metaeinheit zustande kommt. Wann und ob die Integration von Fernsehdarstellungen in das Weltbild geschieht, wird auch davon bestimmt, ob der Fernsehinhalt als nah oder fern wahrgenommen wird (siehe hierzu auch Kapitel 4.3.3). Schließlich werden die Autoren den kognitionspsychologischen Erkenntnissen gerecht, indem sie in einem letzten Schritt das (Kultivierungs-)Urteil beleuchten. Dabei spielen der Informationsabruf und der situationelle Kontext, (beispielsweise die Nutzung von Heuristiken) eine Rolle (siehe Kapitel 2.3).

Wie im letzten Kapitel gezeigt, wird die Zukunft der Kultivierungsforschung stark von genrespezifischer Forschung geprägt sein. Gleichzeitig werden im Zuge von ständig neuen Produktionen klassische Genremuster zunehmend aufgelöst. Das Verständnis von Narrationssträngen als Metaeinheiten, denen sich die Zuschauer bewusst und aktiv mit gesuchten Gratifikationen zuwenden, scheint für die zukünftige Kultivierungsforschung notwendig und hilfreich.

6.2 Agenda-Setting

Langfristige Medienwirkung

Agenda-Setting besagt, dass die Themen, die in den Nachrichten präsent sind, (Medienagenda) auch vom Publikum als wichtig wahrgenommen werden (Publikumsagenda). Der Ansatz geht auf McCombs und Shaw (1972) zurück. Sowohl Kultivierung als auch Agenda-Setting sind in den 1960er-Jahren entstanden. Gemeinsam stellten diese beiden Theorien einen Wendepunkt der bisherigen Medienwirkungsforschung dar. Bis zu diesem Zeitpunkt vermutete man, dass Medien nur marginale Effekte ausüben können (die sogenannte „minimal ef-

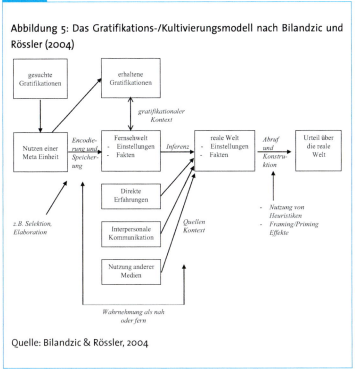

Abbildung 5: Das Gratifikations-/Kultivierungsmodell nach Bilandzic und Rössler (2004)

Quelle: Bilandzic & Rössler, 2004

fects hypothesis"). Kultivierung und Agenda-Setting postulieren dagegen eine langfristige und kumulative Wirkung von Medien. Beide Ansätze sind damit in ihrer initialen Ausrichtung einer makrosoziologischen Perspektive zuzuordnen. Sie untersuchen die Wirkung von langfristigem Medienkontakt bezüglich verschiedener Themen, nicht die kurzfristige Wirkung einzelner Beiträge oder Ereignisse.

Mithilfe von Inhaltsanalysen und Befragungen verglichen McCombs und Shaw (1972) die Übertragung der Themenrangordnung von Medien auf das Publikum, wobei sie eine hohe Korrelation feststellen konnten. Obwohl diese erste Studie (ähnliche wie die ersten Kultivierungsstudien) methodische Mängel aufwies, konnte der Zusammenhang in zahlreichen Folgestudien nachgewiesen werden (siehe hierzu den Band von Maurer 2010 in dieser Reihe). Die Methodenkombination aus der Erfassung von Medieninhalten und Befragung ist in beiden Ansätzen üblich. Vor allem in der Agenda-Setting-Forschung werden aber auch sogenannte cross-lagged-Panel-Designs eingesetzt. Hierbei handelt es sich um Längsschnittuntersuchungen, bei denen

Methodische Parallelen zu Kultivierungsstudien

die Medien- und Publikumsagenda zu mehreren Zeitpunkten erhoben werden. Nur so kann überprüft werden, ob tatsächlich die Medienagenda die Publikumsagenda beeinflusst – und nicht umgekehrt.

Sowohl Agenda-Setting als auch Kultivierung gehen von einer Homogenisierung der Gesellschaft durch Mediennutzung aus. Trotzdem unterscheiden sich Agenda-Setting und Kultivierung an einigen zentralen Punkten. Aus der Perspektive von Kultivierung ist die Nutzung der Massenmedien eher dysfunktional. Fernsehnutzung führt zu Angst und Misstrauen und letztendlich zur Zementierung bestehender Machtverhältnisse. Aus der Perspektive der Agenda-Setting-Forschung erfolgt die Homogenisierung der Nutzer durch die Themenpriorisierung. Somit ist Mediennutzung für die Gesellschaft funktional, da das Medienpublikum letztlich ähnliche Auffassungen von der Wichtigkeit gesellschaftlicher Streitfragen teilt und die Gesellschaft somit handlungsfähig bleibt. Ein zweiter zentraler Unterschied der beiden Forschungsansätze besteht darin, dass Kultivierung auch (und teilweise sogar vor allem) fiktionalen Fernsehinhalten Medienwirkungspotenzial zuschreibt. Agenda-Setting fokussiert hauptsächlich auf Nachrichten und untersucht somit vor allem die Wirkung nonfiktionaler Medien aller Gattungen.

Obwohl die Ansätze deutliche Parallelen aufzeigen, wurden sie bis heute selten vergleichend untersucht. Hetsroni und Lowenstein (2012) schlagen ein integriertes Modell von Kultivierung und Agenda-Setting vor. Dabei leiten sich Kultivierung erster und zweiter Ordnung aus verschiedenen Stufen des Agenda-Setting ab. Empirisch getestet wurde dieses Modell nicht. Gross und Aday (2003) testeten beide theoretische Ansätze im Zusammenhang mit lokalen Verbrechensraten. Sie finden Agenda-Setting-Effekte für Lokalfernsehen. Verglichen mit Wenigsehern empfinden Vielseher die lokalen Verbrechensraten als deutlich wichtigeres Thema. Kultivierung in Bezug auf das Viktimisierungsrisiko finden die Autoren jedoch nicht.

6.3 Third-Person-Effekte

Grundsätzlich gehen Menschen davon aus, dass Medien eine größere Wirkung auf andere entfalten, als auf sie selbst. Medien wirken also nicht auf den Nutzer (erste Person) oder auf Menschen, die ihm nahestehen (zweite Personen), sondern hauptsächlich auf ihm unbekannte dritte Personen. Dies ist die Grundannahme des Third-Person-Effekts, der auf Davison (1983) zurückgeht. Der Effekt wurde in zahlreichen Studien nachgewiesen (siehe hierzu den Band von Dohle, 2017 in dieser Reihe). Im Zuge der Third-Person-Forschung wurde hauptsächlich auf erklärende Variablen des Effekts fokussiert. Es wird vermutet, dass er aufgrund einer Form von selbstwertdienlicher Verzerrung zustande kommt, das eigene Selbst also als weniger beeinflussbar und somit der anonyme andere als überlegen eingeschätzt wird. In Bezug auf Kultivierung bedeutet dies, dass der Einfluss des Fernsehens auf Einstellungen und Vorstellungen von anderen größer eingeschätzt wird, als auf das eigene Weltbild.

Jeffres et al. (2008) zeigen eine Reihe von Studien auf, die Third-Person-Effekte von Fernsehen im Zusammenhang mit Themen untersucht haben, die auch unter Mean-World-Wahrnehmungen verstanden werden können und somit einen Anknüpfungspunkt für Kultivierung liefern. Einschränkend muss gesagt werden, dass viele dieser von ihm genannten Studien streng genommen nicht als Kultivierungsstudien gelten können (z.B., weil eine Inhaltsanalyse fehlt, siehe Kapitel 5.1). In der eigenen empirischen Analyse findet das Forscherteam Hinweise, für Third-Person-Effekte in Bezug auf Kultivierung. In einer Replikation dieser Befragung zeigte sich ein Third-Person-Effekt in Teilen vor allem für Wenigseher. Vielseher hingegen gingen davon aus, dass Fernsehen gleichermaßen sie selbst wie auch andere beeinflusst (Diefenbach & West, 2012). In einer weiteren Studie zeigen Diefenbach und West (2007), dass Fernsehen psychisch kranke Personen überproportional als gewalttätig und kriminell darstellt. In einer angeschlossenen Befragung finden sie Kultivierung – diese wurde von den Befragten aber auf andere höher eingeschätzt, als auf sie selbst. Aufgrund der Fülle der Befunde für den Third-Person-Effekt für verschiedene Themen der Medienwirkungsforschung lässt sich vermuten, dass er auf Kultivierung zutrifft.

Empirische Befunde

6.4 Fallbeispieleffekte

Journalisten arbeiten bei der Erstellung von Beiträgen sowohl mit Fakten und Statistiken (sogenannten summarischen Realitätsbeschreibungen) als auch mit Fallbeispielen. Dies sind beispielsweise kurze Schilderungen von betroffenen oder Meinungen von außenstehenden Individuen. Üblicherweise werden Fallbeispiele eingesetzt, um das journalistische Produkt aufzulockern und lebendiger zu gestalten. Fallbeispiele beeinflussen die Wahrnehmung eines Problems oder die Verteilung von Mehrheitsmeinungen stärker als summarische Realitätsbeschreibungen. Dies ist die Kernthese des Fallbeispieleffekts (Daschmann, 2001; siehe hierzu auch den Band von Krämer 2015 in dieser Reihe). Es wird davon ausgegangen, dass der Effekt zustande kommt, weil die Ansammlung von einzelnen Fallbeispielen zu einer Übernahme von Realitätsvorstellungen führt. In dieser Grundannahme ergibt sich eine Parallele zur Kultivierungsforschung.

Journalistisches Stilmittel

Auch ähneln die abhängigen Variablen des Fallbeispieleffekts stark den Variablen Kultivierung erster Ordnung. Häufig sollen Befragte den Anteil von Mehrheitsmeinungen in der Bevölkerung einschätzen. Daschmann (2001) entwickelte für seine Studien der Fallbeispielforschung eine visualisierte Skala, die häufig in dieser Form auch in der Kultivierungsforschung eingesetzt wird.

Parallelen und Unterschiede Inwiefern sich die beiden Ansätze darüber hinaus ähneln, ist diskussionswürdig. Daschmann (2001, S. 323) zeigt zentrale Punkte auf, in denen sich Kultivierung und Fallbeispielforschung unterscheiden. Rossmann (Rossmann, 2008, S. 324) diskutiert einige dieser Ausführungen kritisch. Die Unterschiede, die beide Forscher in den Ansätzen sehen, lassen sich hauptsächlich auf die Differenzen der makro- und mikroperspektivischen Kultivierungsforschung zurückführen. Aus der Makroperspektive ähneln sich Fallbeispielforschung und Kultivierung lediglich in ihren abhängigen Variablen. Methodische Herangehensweisen der Fallbeispielforschung (hauptsächlich laborexperimentelle Settings) werden in der soziologisch geprägten Kultivierungsforschung kaum durchgeführt. Dies liegt daran, dass die soziologische Kultivierungsforschung von einer langfristigen, kumulativen Medienwirkung ausgeht, der Laborexperimente nicht gerecht werden können. Die Fallbeispielforschung untersucht keine kumulative Wirkung, sondern vielmehr die Wirkung und unterschiedliche Gestaltung eines Medienbeitrags. Auch werden hier kurzfristige Wirkungen getestet, die üblicherweise spätestens nach zwei Wochen nicht mehr nachweisbar sind. Hier ergeben sich also deutliche Unterschiede zur Kultivierung.

Eine Frage der Perspektive Betrachtet man dagegen die mikroperspektivische Kultivierungsforschung, die sich mit den kognitionspsychologischen Grundlagen des Effekts auseinandersetzt, ergeben sich Parallelen. Rossmann (Rossmann, 2008, S. 322) argumentiert, dass Fallbeispieleffekten und Kultivierung ähnliche Wirkungsmechanismen zugrunde liegen. Durch das Lesen von Fallbeispielen zu einem bestimmten Thema werden die entsprechenden kognitiven Einheiten aktiviert und mit einer bestimmten Bewertung verknüpft. Für eine Urteilsbildung stehen häufig aktivierte Konstrukte dann später auch schneller zur Verfügung (z.B. wenn das Meinungsklima abgefragt wird). Sehr ähnliche Prozesse wurden aus kognitionspsychologischer Perspektive für Kultivierung erster Ordnung postuliert (siehe Kapitel 2.3). Zumindest die kognitionspsychologischen Grundlagen betreffend ist eine Verknüpfung beider Ansätze denkbar – jedoch nicht ausreichend empirisch belegt.

Diese Annahmen beziehen sich zudem lediglich auf Kultivierung erster Ordnung.

6.5 Theory of planned behavior

Um über die Wahrnehmung und Vorstellungen der sozialen Realität hinaus auch das aus der Fernsehnutzung resultierende Verhalten erklären zu können, wurde von Kultivierungsforschern die Theory of Planned Behavior herangezogen. Mitunter werden von der Fernsehnutzung beeinflusstes Verhalten, bzw. Verhaltensintentionen auch als Kultivierung dritter Ordnung bezeichnet. Die Theory of Planned Behavior versucht, menschliches Verhalten zu verstehen und vorherzusagen (siehe hierzu den Band von Rossmann, 2011in dieser Reihe). Sie geht auf Fishbein und Ajzen (1975) zurück. Verhalten lässt sich nach den Autoren aus Verhaltensintentionen erklären. Diese wiederum werden von drei Determinanten beeinflusst: der Einstellung zum Verhalten, dem wahrgenommenen sozialen Druck, das Verhalten auszuführen (die sogenannte soziale Norm) und der wahrgenommenen Verhaltenskontrolle. Anknüpfungspunkte an Kultivierung finden sich vor allem in Bezug auf die Einstellung zum Verhalten.

Determinanten für Verhalten

Kultivierung geht davon aus, dass Fernsehen sowohl Vorstellungen über die Welt (Kultivierung erster Ordnung) als auch Einstellungen (Kultivierung zweiter Ordnung) beeinflussen. Nach der Theory of Planned Behavior sollte also vor allem Kultivierung zweiter Ordnung Verhaltensintentionen und somit (indirekt) auch Verhalten beeinflussen.

Segrin und Nabi (2002) finden, dass die Nutzung von Soap Operas und romantischen Comedyfilmen idealistische Erwartungen an die Ehe kultiviert. Diese wiederum beeinflussten die Intention, selbst zu heiraten. Beullens at al. (2011) zeigen, dass vor allem das Sehen von Actionfilmen dazu führt, dass Befragte angaben, rücksichtloses und risikobehaftetes Fahrverhalten an den Tag zu legen. In Bezug auf Kriminalität und Gewalt finden Nabi und Sullivan (2001), dass die Gesamtfernsehnutzung Kultivierung erster Ordnung und die Intention, sich gegen Gewalt zu schützen (beispielsweise die Straßenseite zu wechseln, wenn man nachts einem Fremden begegnet), beeinflusst. Dies wiederum beeinflusst Mean-World-Einstellungen und tatsächliches Verhalten (beispielsweise abzuschließen, auch wenn man daheim ist). Diese Befunde sind nicht komplett im Einklang mit der Theory of Reasoned Action, die Autoren erwarteten, dass auch die Verhaltensintention zunächst von den Einstellungen und nicht von der Fernsehnutzung direkt beeinflusst werden. Positiv an dieser Studie ist hervorzuheben, dass nicht nur Verhaltensintention, sondern

Empirische Befunde

auch tatsächliches Verhalten der Befragten erhoben wurde. Sie kann daher als gelungenes Beispiel der theoretischen Verknüpfung von Kultivierung und Theory of Reasoned Action gesehen werden. Insgesamt zeigt sich die Theory of Reasoned Action als nützliche Grundlage, um neben Einstellungen und Vorstellungen auch Verhalten in Zusammenhang mit Fernsehnutzung zu untersuchen.

7. „Top Ten" der Forschungsliteratur

1. Gerbner & Gross (1976)

Die Studie ist das erste von Gerbner und Gross veröffentlichte " „violence profile", welches den Grundstein für die Kultivierungsforschung gelegt hat. Die Idee der Kultivierung wird im Text umfassend dargestellt und die erste, methodisch richtungsweisende, empirische Analyse des Forscherteams zu den Inhalten der damaligen Fernsehlandschaft („message system analysis") und einer daran anknüpfenden Befragung („cultivation analysis) präsentiert. In diesem Text wird auch der soziologische Rahmen der ursprünglichen Kultivierungsidee deutlich, der im Fach Kommunikationswissenschaft oft in den Hintergrund tritt. Allein daher ist der Text für das Grundverständnis von Gerbners Ideen sehr lohnenswert.

2. Hawkins & Pingree (1982)

Hawkins und Pingree waren mit die ersten, die sich mit der Frage auseinandersetzten, wie Kultivierung aus psychologischer Perspektive zu erklären ist. Dieser Text liefert einen umfassenden Überblick über die Erkenntnisse der Autoren, die in einem Prozessmodell zusammengefasst werden. Obwohl spätere Forschung weitaus differenziertere Modelle entworfen hat, wird dieses erste Prozessmodell der Kultivierung oft als Grundlage genommen. Zentrale Aspekte, die bis heute in der Kultivierung eine Rolle spielen (wie z.B. Aufmerksamkeit, Involvement, persönliche Erfahrungen) werden hier bereits berücksichtigt.

3. Van den Bulck (2004)

Van den Bulck beschäftigt sich in diesem kurzen Aufsatz mit einer der zentralsten Kritikpunkte der Kultivierung. Die Kausalitätsfrage, also ob Menschen ängstlich werden, weil sie Fernsehen oder aber ob diejenigen, die von Grund auf ängstlich sind, mehr Zeit zu Hause vor dem Fernseher verbringen, wird in der Kultivierung häufig aufgrund von Querschnittsdaten nicht beantwortet. Van den Bulck vergleicht drei verschiedene Ansätze zum Verhältnis von Fernsehnutzung und Angst, um diese Frage zu beantworten. Er kommt zu dem Schluss, dass Kultivierung die beste Erklärung liefert.

4. Potter (2014)

Mehr als 20 Jahre nach seinem ersten kritischen Beitrag zur Kultivierungsforschung (1993) liefert Potter hier einen systematischen Forschungsüberblick zu Kultivierung. Dabei zeigt er die größten und aktuellsten Probleme der Kultivierungsforschung auf. Gerade weil er mit vielen Kultivierungsstudien hart ins Gericht geht, ist dieser Text

Pflichtlektüre für alle, die einen aktuellen Überblick bekommen oder sogar selbst forschen wollen.

5. Shrum (2004)

Dieser Text gibt einen umfassenden Überblick zu Shrums kognitions-psychologischer Forschung zu Kultivierung. Er zeigt, dass Kultivierung erster und zweiter Ordnung unterschiedlichen psychologischen Prozessen unterliegt und mit unterschiedlichen Urteilsformen verknüpft ist. Diese Differenzierung erklärt die zum Teil widersprüchlichen Befunde für Kultivierung erster und zweiter Ordnung.

6. Gerbner, Gross, Morgan, & Signorielli (1980)

In diesem Text wird von Gerbner und seinem Forscherteam erstmals die persönliche Erfahrung der Rezipienten berücksichtigt. Die Autoren zeigen, dass sich in der Gruppe der Vielseher die Weltsichten durch den Fernsehkonsum aneinander angleichen – unabhängig von den persönlichen Erfahrungen der Rezipienten. Fernsehen kann reale Erfahrungen somit quasi ersetzen. Dies bezeichnen die Autoren als „Mainstreaming". Eine zweite Interaktion wird von den Autoren postuliert, die speziell für persönliche Erfahrungen gelten, die sich mit den Fernsehdarstellungen decken. Durch diese sogenannte „double dose" werden die Wirkungen des Fernsehens sogar noch verstärkt. Es kommt zur „Resonanz".

7. Rossmann (2008)

Im deutschsprachigen Raum stellt dies die bisher umfassendste Analyse zu Kultivierungsforschung dar. Rossmann legt einen systematischen Forschungsüberblick von den Anfängen des Ansatzes bis heute vor. Unter Einbeziehung bisheriger Erkenntnisse aus der psychologischen Forschung entwickelt sie ein Prozessmodell für Kultivierung.

8. Bilandzic & Rössler (2008)

Die Autoren liefern das, was viele Veröffentlichungen der Kultivierungsforschung vermissen lassen: eine systematische Aufarbeitung des Forschungsstandes zum Thema genrespezifische Kultivierung. Darüber hinaus werden in diesem Text Fragen aufgeworfen, die bis heute gleichermaßen gültig wie unbeantwortet sind. Es erfolgt ein starker Rückbezug der Bedeutung dieser Ergebnisse für die theoretische Fundierung der Theorie. Die Autoren integrieren ihren Ansatz in ein Modell, das auch Nutzungsmotive berücksichtigt und schlagen damit eine Brücke zum Uses-and-Gratifications-Ansatz.

9. Morgan, Shanahan, & Signorielli (2012)

Ein Sammelband, der einen guten Überblick über die zentralen Aspekte der modernen Kultivierungsforschung und anknüpfende Perspektiven gibt.

10. Morgan (2012)

Ein umfassendes Buch zu Gerbners Lebenswerk. Morgan selbst war Gerbners Schüler und begleitete ihn 30 Jahre lang als fester Bestandteil seines Teams bei seinen Studien. Es ist ein lesenswertes Buch, das zum besseren Verständnis von Gerbners forschungsleitenden Ideen beiträgt, aber auch die Biographie Gerbners in den Blick nimmt.

Literaturverzeichnis

AGF. *Durchschnittliche tägliche Fernsehdauer in Deutschland nach Altersgruppen in den Jahren 2016 und 2017 (in Minuten)*, Statista – Das Statistik-Portal. Zugriff am 17.7.2018. Verfügbar unter https://de.statista.com/statistik/daten/studie/152389/umfrage/durchschnittliche-fernsehdauer-pro-tag/

Arendt, F. (2010). Cultivation effects of a newspaper on reality estimates and explicit and implicit attitudes. *Journal of Media Psychology, 22*, 147–159.

Beullens, K., Roe, K. & van den Bulck, J. (2011). The impact of adolescents' news and action movie viewing on risky driving behavior. A longitudinal study. *Human Communication Research, 37*, 488–508.

Bilandzic, H. & Busselle, R. W. (2008a). Fictionality and perceived realism in experiencing stories: a model of narrative comprehension and engagement. *Communication Theory, 18*, 255–280.

Bilandzic, H. (2002). Genrespezifische Kultivierung durch Krimirezeption. *Zeitschrift für Medienpsychologie, 14*, 60–68.

Bilandzic, H. (2006). The perception of distance in the cultivation process: A theoretical consideration of the relationship between television content, processing experience, and perceived distance. *Communication Theory, 16* (3), 333–355.

Bilandzic, H. & Busselle, R. W. (2008b). Transportation and transportability in the cultivation of genre-consistent attitudes and estimates. *Journal of Communication, 58*, 508–529.

Bilandzic, H., Hastall, M. R. & Sukalla, F. (2017). The morality of television genres. Norm violations and their narrative context in four popular genres of serial fiction. *Journal of Media Ethics, 32*, 99–117.

Bilandzic, H. & Rössler, P. (2004). Life according to television. Implications of genre-specific cultivation effects: The Gratification/Cultivation model. *Communications, 29*, 295–326.

Breuer, J., Kowert, R., Festl, R. & Quandt, T. (2015). Sexist games=sexist gamers? A longitudinal study on the relationship between video game use and sexist attitudes. *Cyberpsychology, behavior and social networking, 18* (4), 197–202.

Busselle, R. W. & Crandall, H. (2002). Television viewing and perceptions about race differences in socioeconomic success. *Journal of Broadcasting & Electronic Media, 46*, 265–282.

Busselle, R. W. & Shrum, L. J. (2003). Media exposure and exemplar accessibility. *Media Psychology, 5*, 255–282.

Busselle, R., Ryabovolova, A. & Wilson, B. (2004). Ruining a good story. Cultivation, perceived realism and narrative. *Communications, 29*, 365-378.

Busselle, R. W. & Greenberg, B. S. (2009). The nature of television realism judgments. A reevaluation of their conceptualization and measurement. *Mass Communication & Society, 3*, 249–268.

Cacioppo, J. T. & Petty, R. E. (1982). The need for cognition. *Journal of Personality and Social Psychology, 42*, 116–131.

Carveth, R. & Alexander, A. (1985). Soap opera viewing motivations and the cultivation process. *Journal of Broadcasting & Electronic Media, 29*, 259–273.

Chory-Assad, R. M. & Tamborini, R. (2003). Television exposure and the public's perceptions of physicians. *Journal of Broadcasting & Electronic Media, 47*, 197–215.

Chung, J. E. (2014). Medical dramas and viewer perception of health. Testing cultivation effects. *Human Communication Research, 40*, 333–349.

Closepet, R. & Tsui, L.-S. (2002). An interview with Professor George Gerbner. In M. Morgan (Ed.), *Against the mainstream. The selected works of George Gerbner* (S. 492–499). New York: Peter Lang.

Coenen, L. & van den Bulck, J. (2016a). The bricklayer effect: How accounting for method bias affects first-order cultivation relationships. *Mass Communication and Society,19*, 782-799.

Coenen, L. & van den Bulck, J. (2016b). Cultivating the opinionated: The need to evaluate moderates the relationship between crime drama viewing and scary world evaluations. *Human Communication Research, 42*, 421–440.

Coenen, L. & van den Bulck, J. (2017). Reconceptualizing cultivation. Implications for testing relationships between fiction exposure and self-reported alcohol use evaluations. *Media Psychology, 35*, 1–27.

Cohen, J. (2001). Defining identification. A theoretical look at the identification of audiences with media characters. *Mass Communication & Society, 4*, 245–264.

Cuklanz, L. M. (2000). *Rape on prime time. Television, Masculinity, and Sexual Violence*. Philadelphia: University of Pennsylvania Press.

Custers, K. & van den Bulck, J. (2013). The cultivation of fear of sexual violence in women: Processes and moderators of the relationship between television and fear. *Communication Research, 40,* 96–124.

Daalmans, S., Hijmans, E. & Wester, F. (2017). From good to bad and everything in between. An analysis of genre differences in the representation of moral nature. *Journal of Media Ethics, 32,* 28–44.

Daschmann, G. (2001). *Der Einfluß von Fallbeispielen auf Leserurteile. Experimentelle Untersuchungen zur Medienwirkung.* Konstanz: UVK.

Davison, W. P. (1983). The third-person effect in communication. *Public Opinion Quarterly, 47,* 1–15.

Diefenbach, D. L. & West, M. D. (2007). Television and attitudes toward mental health issues. Cultivation analysis and the third-person effect. *Journal of Community Psychology, 35,* 181–195.

Diefenbach, D. L. & West, M. D. (2012). Cultivation and the third-person effect. In: M. Morgan, J. Shanahan & N. Signorielli (Hrsg.), *Living with television now. Advances in cultivation theory & research* (S. 329–346). New York: Peter Lang.

Dirikx, A., van den Bulck, J. & Parmentier, S. (2012). The police as societal moral agents: „Procedural justice" and the analysis of police fiction. *Journal of Broadcasting & Electronic Media, 56,* 38–54.

Dixon, T. L. & Linz, D. (2000). Overrepresentation and underrepresentation of African Americans and Latinos as lawbreakers on television news. *Journal of Communication, 50,* 131–154.

Dixon, T. L. (2008). Crime news and racialized beliefs. Understanding the Relationship between local news viewing and perceptions of African Americans and crime. *Journal of Communication, 58,* 106–125.

Dohle, M. (2017). *Third-Person-Effekt.* Baden-Baden: Nomos.

Donnerstag, J. (1996). *Der engagierte Mediennutzer. Das Involvement-Konzept in der Massenkommunikationsforschung.* München: Fischer.

Doob, A. N. & Macdonald, G. E. (1979). Television viewing and fear of victimization: Is the relationship causal? *Journal of Personality and Social Psychology, 37,* 170–179.

Dykema, J., Basson, D. & Schaeffer, N. C. (2008). Face to face surveys. In W. Donsbach & M. W. Traugott (Hrsg.), *The SAGE handbook of public opinion research* (S. 240–248). Los Angeles: Sage.

Eagly, A. H. & Chaiken, S. (1993). *The Psychology of attitudes*. Fort Worth: Harcourt Brace Jovanovich.

Eisend, M. & Möller, J. (2007). The influence of TV viewing on consumers' body images and related consumption behavior. *Marketing Letters, 18*, 101–116.

Eschholz, S., Blackwell, B. S., Gertz, M. & Chiricos, T. (2002). Race and attitudes toward the police. *Journal of Criminal Justice, 30*, 327–341.

Fahr, A., Modes, J. & Schwarz, S. (2013). Familien als Problem, Ehrlichkeit als Chance. Eine Studie zur Kultivierung durch Scripted-Reality-Sendungen. *tv diskurs, 66*, 68–73.

Ferris, A. L., Smith, S. W., Greenberg, B. S. & Smith, S. L. (2007). The content of reality dating shows and viewer perceptions of dating. *Journal of Communication, 57*, 490–510.

Fishbein, M. & Ajzen, I. (1975). *Belief, attitude, intention and behavior. An introduction to theory and research*. Reading, Mass.: Addison-Wesley.

Fouts, G. & Vaughan, K. (2002). Television situation comedies. Male weight, negative references, and audience reactions. *Sex Roles, 46*, 439–442.

Früh, W. (2001). *Gewaltpotentiale des Fernsehangebots. Programmangebot und zielgruppenspezifische Interpretation*. Wiesbaden: VS Verlag für Sozialwissenschaften.

Fujioka, Y. (1999). Television portrayals and African-American stereotypes: Examination of television effects when direct contact is lacking. *Journalism & Mass Communication Quarterly, 76*, 52–75.

Gehrau, V. (2003). (Film-) Genres und die Reduktion von Unsicherheit. *Medien & Kommunikationswissenschaft, 51*, 213–231.

Gerbner, G. (1972). The structure and process of television program content regulation in the United States. In G. A. Comstock & E. A. Rubinstein (Hrsg.), *Television and social behavior. Vol. I: Content and control* (S. 386–414). Washington, DC: Government Printing Office.

Gerbner, G. & Gross, L. (1976). Living with television: The violence profile. *Journal of Communication, 26*, 171–199.

Gerbner, G., Gross, L., Morgan, M. & Signorielli, N. (1984). Political correlates of television viewing. *Public Opinion Quarterly, 48,* 283–300.

Gerbner, G. (1959a). Mental illness on television: A study of censorship. *Journal of Broadcasting, 4,* 293–303.

Gerbner, G. (1959b). Education and the challenge of mass culture. *AV Communication Review, 7,* 264–278.

Gerbner, G. (1965). Institutional pressures upon mass communicators. *The Sociological Review, 13,* 205–248.

Gerbner, G. (1966). Educations about education by mass media. *The Educational Forum, 31,* 7–15.

Gerbner, G. (1970). Cultural Indicators: The case of violence in television drama. *The ANNALS of the American Academy of Political and Social Science, 388,* 69–81.

Gerbner, G. & Gross, L. (1979). Editorial Response: A reply to Newcomb's 'Humanistic Critique.'. *Communication Research, 6,* 223–230.

Gerbner, G., Gross, L., Morgan, M. & Signorielli, N. (1980). The „Mainstreaming" of America: Violence profile No. 11. *Journal of Communication, 30,* 10–29.

Gerbner, G., Gross, L., Morgan, M. & Signorielli, N. (1982). Charting the mainstream: Television's contributions to political orientations. *Journal of Communication, 32,* 100–127.

Gerbner, G., Gross, L., Morgan, M. & Signorielli, N. (1986). Living with television: The dynamics of the cultivation process. In J. Bryant & D. Zillmann (Hrsg.), *Perspectives on media effects* (S. 17–40). Hillsdale, NJ: Lawrence Erlbaum.

Gerbner, G., Gross, L., Signorielli, N. & Morgan, M. (1980). Aging with television: Images of television drama and conceptions of social reality. *Journal of Communication, 30,* 37–47.

Glynn, C. J., Huge, M., Reineke, J. B., Hardy, B. W. & Shanahan, J. (2007). When Oprah intervenes. Political correlates of daytime talk show viewing. *Journal of Broadcasting & Electronic Media, 51,* 228–244.

Grabe, M. E. & Drew, D. G. (2007). Crime cultivation. Comparisons across media genres and channels. *Journal of Broadcasting & Electronic Media, 51,* 147–171.

Grabe, M. E., Lang, A. & Zhao, X. (2003). News content and form. *Communication Research, 30,* 387–413.

Green, M. C. & Brock, T. C. (2000). The role of transportation in the persuasiveness of public narratives. *Journal of Personality and Social Psychology, 79*, 701–721.

Gross, K. & Aday, S. (2003). The scary world in your living room and neighborhood: Using local broadcast news, neighborhood crime rates, and personal experience to test agenda setting and cultivation. *Journal of Communication, 53*, 411–426.

Harrison, K. & Cantor, J. (1997). The relationship between media consumption and eating disorders. *Journal of Communication, 47*, 40–67.

Hartmann, T. (2017). *Parasoziale Interaktion und Beziehungen*. Baden-Baden: Nomos.

Hastie, R. & Park, B. (1986). The relationship between memory and judgment depends on whether the judgment task is memory-based or on-line. *Psychological Review, 93*, 258–268.

Hawkins, R. P. & Pingree, S. (1980). Some processes in the cultivation effect. *Communiction Research, 7*, 193–226.

Hawkins, R. P. & Pingree, S. (1981a). Uniform Messages and habitual viewing. Unnecessary assumptions in social reality effects. *Human Communication Research, 7*, 291–301.

Hawkins, R. P. & Pingree, S. (1981b). Using television to construct social reality. *Journal of Broadcasting & Electronic Media, 25*, 347–364.

Hawkins, R. P. & Pingree, S. (1982). Television's influence on social reality. In D. Pearl, L. Bouthilet & J. B. Lazar (Hrsg.), *Television and behavior. Ten years of scientific progress and implications for the eighties* (S. 224–247). Rockville, MD: National Institute of Mental Health.

Hawkins, R. P. & Pingree, S. (1990). Divergent psychological processes in constructing social reality from mass media content. In N. Signorielli & M. Morgan (Hrsg.), *Cultivation analysis. New directions in media effects research* (S. 35–50). Newbury Park: Sage.

Hawkins, R. P., Pingree, S. & Adler, I. (1987). Searching for cognitive processes in the cultivation effect. Adult and adolescent samples in the United States and Australia. *Human Communication Research, 13*, 553–577.

Herda, D. (2010). How many immigrants? Foreign-born population innumeracy in Europe. *Public Opinion Quarterly, 74*, 674–695.

Hetsroni, A. (2007). Open or closed — this is the question. The influence of question format on the cultivation effect. *Communication Methods and Measures, 1*, 215–226.

Hetsroni, A. (2009). If you must be hospitalized, television is not the place. Diagnoses, survival rates and demographic characteristics of patients in TV hospital dramas. *Communication Research Reports, 26*, 311–322.

Hetsroni, A. & Lowenstein, H. (2012). Cultivation and agenda-setting. In M. Morgan, J. Shanahan & N. Signorielli (Hrsg.), *Living with television now. Advances in cultivation theory & research* (S. 307–328). New York: Peter Lang.

Higgins, E. T. & King, G. (1981). Accessibility of social constructs: Information processing consequences of individual and contextual variability. In: N. Cantor & J. Kihlstrom (Hrsg.), *Personality, cognition, and social interaction* (S. 69–121). Hillsdale, NJ: Lawrence Erlbaum.

Hirsch, P. (1980). The 'scary world' of the nonviewer and other anomalies: A reanalysis of Gerbner et al.'s cultivation analysis. *Communication Research, 7*, 403–456.

Hoffman, B. L., Shensa, A., Wessel, C., Hoffman, R. & Primack, B. A. (2017). Exposure to fictional medical television and health: a systematic review. *Health education research, 32*, 107–123.

Holbrook, A. L., Green, M. C. & Krosnick, J. A. (2003). Telephone versus face-to-face interviewing of national probability samples with long questionnaires. *Public Opinion Quarterly, 67*, 79–125.

Hughes, M. (1980). The fruits of cultivation analysis: A reexamination of some effects of television watching. *Public Opinion Quarterly, 44*, 287–302.

Jarvis, W. B. G. & Petty, R. E. (1996). The need to evaluate. *Journal of Personality and Social Psychology, 70*, 172–194.

Jeffres, L. W., Neuendorf, K., Bracken, C. C. & Atkin, D. (2008). Integrating theoretical traditions in media effects. Using third-person effects to link agenda-setting and cultivation. *Mass Communication & Society, 11*, 470–491.

Kahlor, L. & Eastin, M. S. (2011). Television's role in the culture of violence toward women. A study of television viewing and the cultivation of rape myth acceptance in the United States. *Journal of Broadcasting & Electronic Media, 55*, 215–231.

Kahlor, L. & Morrison, D. (2007). Television viewing and rape myth acceptance among college women. *Sex Roles, 56*, 729–739.

Katz, E. & Fialkoff, Y. (2017). Six concepts in search of retirement. *Annals of the International Communication Association, 41*, 86–91.

Katz, E. & Foulkes, D. (1962). On the use of the mass media as „Escape": clarification of a concept. *Public Opinion Quarterly, 26*, 377–388.

Kim, J. & Rubin, A. M. (1997). The variable influence of audience activity on media effects. *Communication Research, 24*, 107–135.

King, C. M. (2000). Effects of humorous heroes and villains in violent action films. *Journal of Communication, 50*, 5–24.

Klapper, J. T. (1960). *The effects of mass communication*. New York, NY: Free Press.

Klimmt, C. (2011). *Das Elaboration-Likelihood-Modell*. Baden-Baden: Nomos.

Krämer, B. (2015). *Fallbeispieleffekte*. Baden-Baden: Nomos.

Krüger, U. M. & Erk, S. (2005). Das Bild der Migranten im WDR Fernsehen. *Media Perspektiven, 3*, 105–114.

Kupferschmitt, T. (2017). Onlinevideo: Gesamtreichweite stagniert, aber Streamingdienste punkten mit Fiction bei Jüngeren. *Media Perspektiven, 9*, 447–462.

Lent, J. A. (2002). Interview with George Gerbner. In: M. Morgan (Ed.), *Against the mainstream. The selected works of George Gerbner* (S. 21–33). New York: Peter Lang.

Lücke, S. (2007). *Ernährung im Fernsehen: Eine Kultivierungsstudie zur Darstellung und Wirkung*. Wiesbaden: VS Verlag für Sozialwissenschaften.

Martins, N. & Harrison, K. (2011). Racial and gender differences in the relationship between children's television use and self-esteem. *Communication Research, 39*, 338–357.

Martins, N. & Wilson, B. J. (2012). Mean on the screen. Social aggression in programs popular with children. *Journal of Communication, 62*, 991–1009.

Mastro, D., Behm-Morawitz, E. & Ortiz, M. (2007). The cultivation of social perceptions of Latinos. A mental models approach. *Media Psychology, 9*, 347–365.

Mastro, D. & Tukachinsky, R. H. (2012). Cultivation of perceptions of marginalized groups. In: M. Morgan, J. Shanahan & N. Signorielli (Hrsg.), *Living with television now. Advances in cultivation theory & research* (S. 38–60). New York: Peter Lang.

Maurer, M. (2010). *Agenda-Setting*. Baden-Baden: Nomos.

McCombs, M. E. & Shaw, D. L. (1972). The agenda-setting function of mass media. *Public Opinion Quarterly, 36*, 176–187.

McQuail, D. (2010). *McQuail's mass communication theory*. London: Sage.

Meltzer, C. E. & Schnauber, A. (2015). Specific situations or specific people? How do extrinsic and intrinsic factors interact in cultivation research? *International Journal of Communication, 9*, 2838–2861.

Miller, M. M. & Reeves, B. (1976). Dramatic TV content and children's sex-role stereotypes. *Journal of Broadcasting, 20*, 35–50.

Morgan, M. & Shanahan, J. (1997). Two decades of cultivation research: An appraisal and meta-analysis. *Communication Yearbook, 20*, 1–45.

Morgan, M. (1982). Television and adolescents' sex role stereotypes. A longitudinal study. *Journal of Personality and Social Psychology, 43*, 947–955.

Morgan, M. (1983). Symbolic victimization and real world fear. *Human Communication Research, 9*, 146–157.

Morgan, M. (Ed.). (2002). *Against the mainstream. The selected works of George Gerbner*. New York: Peter Lang.

Morgan, M. (2012). *George Gerbner. A critical introduction to media and communication theory*. New York: Peter Lang.

Morgan, M. & Shanahan, J. (1991). Television and the cultivation of political attitudes in Argentina. *Journal of Communication, 41*, 88–103.

Morgan, M. & Shanahan, J. (2010). The state of cultivation. *Journal of Broadcasting & Electronic Media, 54*, 337–355.

Morgan, M. & Shanahan, J. (2017). Television and the cultivation of authoritarianism. A Return visit from an unexpected friend. *Journal of Communication, 30*, 47.

Morgan, M., Shanahan, J. & Signorielli, N. (Hrsg.). (2012). *Living with television now. Advances in cultivation theory & research*. New York: Peter Lang.

Nabi, R. L. (2009). Cosmetic surgery makeover programs and intentions to undergo cosmetic enhancements. A consideration of three models of media effects. *Human Communication Research, 35*, 1–27.

Nabi, R. L. & Sullivan, J. L. (2001). Does television viewing relate to engagement in protective action against crime? A cultivation analysis from a theory of reasoned action perspective. *Communication Research, 28*, 802–825.

Netflix Medien-Center. (2017, 22. August). Ausgerechnet gut: Wie der Netflix-Algorithmus Zuschauern neue Entertainment-Erlebnisse serviert. Zugriff am 26.4.2018. Verfügbar unter https://media.netflix.com/de/press-releases/decoding-the-defenders-netflix-unveils-the-gateway-shows-that-lead-to-a-heroic-binge.

Newcomb, H. (1978). Assessing the violence profile studies of Gerbner and Gross: A Humanistic critique and suggestion. *Communication Research, 5*, 264–282.

Perse, E. M. (1986). Soap opera viewing patterns of college students and cultivation. *Journal of Broadcasting & Electronic Media, 30*, 175–193.

Petty, R. E. & Cacioppo, J. T. (1986). *Communication and persuasion: Central and peripheral routes to attitude change.* New York: Springer.

Pfau, M., Mullen, L. J. & Garrow, K. (1995). The influence of television viewing on public perceptions of physicians. *Journal of Broadcasting & Electronic Media, 39*, 441–458.

Potter, W. J. (1990). Adolescents' perceptions of the primary values of television programming. *Journalism & Mass Communication Quarterly, 67*, 843–851.

Potter, W. J. (1986). Perceived reality and the cultivation hypothesis. *Journal of Broadcasting & Electronic Media, 30*, 159–174.

Potter, W. J. (1991a). Examining cultivation from a psychological perspective. Component subprocesses. *Communication Research, 18*, 77–102.

Potter, W. J. (1991b). The Relationships between first- and second-order measures of cultivation. *Human Communication Research, 18*, 92–113.

Potter, W. J. (1993). Cultivation theory and research: A conceptual critique. *Human Communication Research, 19*, 564–601.

Potter, W. J. (2014). A critical analysis of cultivation theory. *Journal of Communication, 64*, 1015–1036.

Potter, W. J. & Chang, I. C. (1990). Television exposure measures and the cultivation hypothesis. *Journal of Broadcasting & Electronic Media, 34*, 313–333.

Potter, W. J. & Riddle, K. (2007). A content analysis of the media effects literature. *Journalism & Mass Communication Quarterly, 84*, 90–104.

Potter, W. J. & Smith, S. (2000). The context of graphic portrayals of television violence. *Journal of Broadcasting & Electronic Media, 44*, 301–323.

Potter, W.j. & Warren, R. (1998). Humor as camouflage of televised violence. *Journal of Communication, 48*, 40–57.

Prommer, E. & Linke, C. (Institut für Medienforschung, Philosophische Fakultät, Universität Rostock, Hrsg.). (2017). *Audiovisuelle Diversität? Geschlechterdarstellungen in Film und Fernsehen in Deutschland.*

Riddle, K. (2010). Always on my mind. Exploring how frequent, recent, and vivid television portrayals are used in the formation of social reality judgments. *Media Psychology, 13*, 155–179.

Riddle, K., Potter, W. J., Metzger, M. J., Nabi, R. L. & Linz, D. G. (2011). Beyond cultivation. Exploring the effects of frequency, recency, and vivid autobiographical memories for violent media. *Media Psychology, 14*, 168–191.

Ross, J. I. (2012). *Policing issues. Challenges and controversies.* Sudbury, MA: Jones & Bartlett Learning.

Rössler, P. & Brosius, H.-B. (2001). Do talk shows cultivate adolescents' views of the world? A prolonged-exposure experiment. *Journal of Communication, 51*, 143–163.

Rössler, P. (2010). *Inhaltsanalyse.* Konstanz: UVK.

Rössler, P. (2011). *Skalenhandbuch Kommunikationswissenschaft.* Wiesbaden: VS Verlag für Sozialwissenschaften.

Rossmann, C. (2002). *Die heile Welt des Fernsehens. Eine Studie zur Kultivierung durch Krankenhausserien.* München: Fischer.

Rossmann, C. (2008). *Fiktion Wirklichkeit. Ein Modell der Informationsverarbeitung im Kultivierungsprozess.* Wiesbaden: VS Verlag für Sozialwissenschaften.

Rossmann, C. (2011). *Theory of reasoned action, theory of planned behaviour.* Baden-Baden: Nomos.

Rossmann, C. & Brosius, H.-B. (2004). The problem of causality in cultivation research. *Communications, 29*, 379–397.

Rossmann, C. & Brosius, H.-B. (2005). Vom hässlichen Entlein zum schönen Schwan? Zur Darstellung und Wirkung von Schönheitsoperationen im Fernsehen. *Medien & Kommunikationswissenschaft, 53*, 507–532.

Rubin, A. M. (1993). Audience activity and media use. *Communication Monographs, 60*, 98–105.

Ruhrmann, G., Sommer, D. & Uhlemann, H. (2006). TV-Nachrichtenberichterstattung über Migranten – Von der Politik zum Terror. In R. Geißler & H. Pöttker (Hrsg.), *Integration durch Massenmedien. Medien und Migration im internationalen Vergleich Media and Migration: A Comparative Perspective.* Bielefeld: transcript.

Saito, S. (2007). Television and the cultivation of gender-role attitudes in Japan. Does television contribute to the maintenance of the Status Quo? *Journal of Communication, 57*, 511–531.

Schallhorn, C. (2013). Der Einfluss von Fernsehübertragungen von Mega-Events auf die Wahrnehmung des Gastgeberlandes. *Studies in Communication | Media, 2*, 497–523.

Schallhorn, C. (2017). *Kultivierung durch Sportgroßereignisse. Zum Einfluss der Medienberichterstattung über die Fußballweltmeisterschaft 2014 auf die Wahrnehmung des Gastgeberlandes Brasilien.* Köln: Herbert von Halem.

Scharrer, E. & Blackburn, G. (2017a). Cultivating conceptions of masculinity. Television and perceptions of masculine gender role norms. *Mass Communication & Society, 21*, 149–177.

Scharrer, E. & Blackburn, G. (2017b). Is reality TV a bad girls club? Television use, docusoap reality television viewing, and the cultivation of the approval of aggression. *Journalism & Mass Communication Quarterly, 29*, 235–257.

Scharrer, E., Kim, D. D., Lin, K.-M. & Liu, Z. (2006). Working hard or hardly working? Gender, humor, and the performance of domestic chores in television commercials. *Mass & Society, 9*, 215–238.

Schlütz, D. (2016). *Quality-TV als Unterhaltungsphänomen.* Wiesbaden: VS Verlag für Sozialwissenschaften.

Schnauber, A. & Meltzer, C. E. (2015). The impact of personal experience in cultivation. *Studies in Communication | Media (SCM), 4*, 7–27.

Schnell, C. & Bilandzic, H. K. (2017). Television stories and the cultivation of moral reasoning. The tole of genre exposure and narrative engageability. *Journal of Media Ethics, 32*, 202–220.

Segrin, C. & Nabi, R. L. (2002). Does television viewing cultivate unrealistic expectations about marriage? *Journal of Communication, 52*, 247–263.

Shanahan, J. (1995). Television viewing and adolescent authoritarianism. *Journal of adolescence, 18*, 271–288.

Shanahan, J. (1998). Television and authoritarianism. Exploring the concept of mainstreaming. *Political Communication, 15*, 483–495.

Shapiro, M. A. & Lang, A. (1991). Making television reality. Unconscious processes in the construction of social reality. *Communication Research, 18*, 685–705.

Shrum, L. J. (1995). Assessing the social influence of television: A social cognition perspective on cultivation effects. *Communication Research, 22*, 402–429.

Shrum, L. J. (1996). Psychological processes underlying cultivation effects: Further tests of construct accessibility. *Human Communication Research, 22*, 404–429.

Shrum, L. J. (2001). Processing strategy moderates the cultivation effect. *Human Communication Research, 27*, 94–120.

Shrum, L. J. (2002). Media consumption and perceptions of social reality: Effects and underlying processes. In J. Bryant & D. Zillmann (Hrsg.), *Media effects. Advances in theory and research* (S. 69–95). Mahwah, NJ: Lawrence Erlbaum.

Shrum, L. J. (2004). The cognitive processes underlying cultivation effects are a function of whether the judgments are on-line or memory based. *Communications, 29*, 327–344.

Shrum, L. J. (2007). The implications of survey method for measuring cultivation effects. *Human Communication Research, 33*, 64–80.

Shrum, L. J. & Bischak, V. D. (2001). Mainstreaming, resonance, and impersonal impact: Testing moderators of the cultivation effect for estimates of crime risk. *Human Communication Research, 27*, 187–215.

Shrum, L. J. & O'Guinn, T. C. (1993). Process and effects in the construction of social reality: Construct accessibility as an explanatory variable. *Communication Research, 20*, 436–471.

Shrum, L. J., Wyer, R. S. & O'Guinn, T. C. (1998). The effects of television consumption on social perceptions: The use of priming procedures to investigate psychological processes. *Journal of Consumer Research, 24*, 447–458.

Sigelman, L. & Niemi, R. G. (2000). Innumeracy about minority populations. *Public Opinion Quarterly, 65,* 86–94.

Signorielli, N. (1989). Television and conceptions about sex roles. Maintaining conventionality and the status quo. *Sex Roles, 21,* 341–360.

Signorielli, N., Morgan, M. & Shanahan, J. (2018). The violence profile. Five decades of cultural indicators research. *Mass Communication and Society, 81,* 1–28.

Sink, A. & Mastro, D. (2016). Depictions of gender on primetime television. A quantitative content analysis. *Mass Communication & Society, 20,* 3–22.

Turecek, O. & Roters, G. (2018). Home-Entertainment-Branche mit guten Ergebnissen. Videomarkt und Videonutzung 2017. *Media Perspektiven, 6,* 312-319.

Tversky, A. & Kahneman, D. (1973). Availability: A heuristic for judging frequency and probability. *Cognitive Psychology, 5,* 207–232.

Van den Bulck, J. (2004). Research note: The relationship between television fiction and fear of crime: an empirical comparison of three causal explanations. *European Journal of Communication, 19,* 239–248.

Van den Bulck, J. (2012). International cultivation. In M. Morgan, J. Shanahan & N. Signorielli (Hrsg.), *Living with television now. Advances in cultivation theory & research* (S. 237–260). New York: Peter Lang.

Van den Bulck, J. (2002). The impact of television fiction on public expectations of survival following in hospital cardiopulmonary resuscitation by medical professionals. *European Journal of Emergency Medicine,* 325–329.

Weimann, G. (1984). Images of life in America. The impact of American T.V. in Israel. *International Journal of Intercultural Relations, 8,* 185–197.

Woo, H.-J. & Dominick, J. R. (2001). Daytime television talk shows and the cultivation effect among U.S. and international students. *Journal of Broadcasting & Electronic Media, 45,* 598–614.

Woo, H.-J. & Dominick, J. R. (2003). Acculturation, cultivation, and daytime TV talk shows. *Journalism & Mass Communication Quarterly, 80,* 109–127.

Wünsch, C., Nitsch, C. & Eilders, C. (2012). Politische Kultivierung am Vorabend. Ein prolonged-exposure-Experiment zur Wirkung der Fernsehserie „Lindenstraße". *Medien & Kommunikationswissenschaft, 60,* 176–196.

Yamamoto, M. & Ran, W. (2014). Should men work outside and women stay home? Revisiting the cultivation of gender-role attitudes in Japan. *Mass Communication & Society, 17,* 920–942.

Zillien, N. & Haufs-Brusberg, M. (2014). *Wissenskluft und Digital Divide.* Baden-Baden: Nomos.

Bisher in der Reihe erschienene Bände

Band 1: Agenda-Setting
Von Marcus Maurer, 2010, 101 S., brosch., 17,90 €,
ISBN 978-3-8329-4585-5

Band 2: Nachrichtenwerttheorie
Von Michaela Maier, Karin Stengel, Joachim Marschall, 2010,
163 S., brosch., 19,90 €,
ISBN 978-3-8329-4266-3

Band 3: Parasoziale Interaktion und Beziehungen
Von Tilo Hartmann, 2010, 131 S., brosch., 19,90 €,
ISBN 978-3-8329-4338-7

Band 4: Theory of Reasoned Action - Theory of Planned Behavior
Von Constanze Rossmann, 2011, 135 S., brosch., 19,90 €,
ISBN 978-3-8329-4249-6

Band 5: Das Elaboration-Likelihood-Modell
Von Christoph Klimmt, 2011, 117 S., brosch., 19,90 €,
ISBN 978-3-8329-6176-3

Band 6: Diffusionstheorien
Von Veronika Karnowski, 2011, 107 S., brosch., 17,90 €,
ISBN 978-3-8329-4269-4

Band 7: Schweigespirale
Von Thomas Roessing, 2011, 113 S., brosch., 19,90 €,
ISBN 978-3-8329-6041-4

Band 8: Third-Person-Effect
Von Marco Dohle 2013, 113 S., brosch., 19,90 €,
ISBN 978-3-8329-6801-4

Band 9: Domestizierung
Von Maren Hartmann 2013, 173 S., brosch., 19,90 €,
ISBN 978-3-8329-4279-3

Band 10: Framing
Von Jörg Matthes, 2014, 105 S., brosch., 19,90 €,
ISBN 978-3-8329-5966-1

Band 11: Determination, Intereffikation, Medialisierung
Theorien zur Beziehung zwischen PR und Journalismus
Von Wolfgang Schweiger, 2013, 145 S., brosch., 19,90 €,
ISBN 978-3-8329-6935-6

Band 12: Wissenskluft und Digital Divide
Von Nicole Zillien und Maren Haufs-Brusberg, 2014, 121 S.,
brosch., 19,90 €, ISBN 978-3-8329-7857-0

Band 13: Fallbeispieleffekte
Von Benjamin Krämer, 2015, 134 S., brosch., 19,90 €,
ISBN 978-3-8487-0599-3

Band 14: Priming
Von Bertram Scheufele, 2016, 104 S., brosch., 19,90 €,
ISBN 978-3-8487-2217-4

Band 15: Involvement und Presence
Von Matthias Hofer, 2016, 123 S., brosch., 19,90 €,
ISBN 978-3-8487-1508-4

Band 16: Gatekeeping
Von Ines Engelmann, 2016, 126 S., brosch., 19,90 €,
ISBN 978-3-8487-1349-3

Band 17: Konsistenztheorien
Von Arne Freya Zillich, 2019, 122 S., brosch., 19,90 €,
ISBN 978-3-8487-3072-8

Band 18: Medialisierung und Mediatisierung
Von Thomas Birkner, 2017, 121 S., brosch., 19,90 €
ISBN 978-3-8487-2912-8

Band 19: Meinungsführer und der Flow of Communication
Von Stephanie Geise, 2017, 180 S., brosch., 24,90 €
ISBN 978-3-8487-3229-6

Band 20: Wirkungstheorien der Medien-und-Gewaltforschung
Von Astrid Zipfel, 2019, 220 S., brosch., 26,90 €
ISBN 978-3-8487-4181-6